La Mainmise de l'Etat sur l'Enseignement postscolaire

RAPPORTS

présentés au 44ᵉ Congrès des Jurisconsultes Catholiques
tenu à Douai, les 24, 25 et 26 Octobre 1927

I. — Chanoine A. BOUCHÉ : Les Empiétements de l'Etat sur les droits de la famille en matière d'enseignement, p. 3.

II. — ANDRÉ BOUTRY : L'Enseignement technique, p. 19.

III. — ALEXANDRE SOURIAC : La Taxe d'apprentissage, p. 43.

IV. — FÉLIX COLMET-DAAGE : Les Cours d'adultes, prolongement de l'école laïque, p. 65.

V. — JEAN GUIRAUD : Le Ministère de l'Education nationale projeté, p. 83.

VI. — EMMANUEL LUCIEN-BRUN : Les Revendications catholiques à l'encontre du programme maçonnique, p. 95.

LYON

IMPRIMERIE DU " NOUVELLISTE "

14, Rue de la Charité

1928

RÉGIE DU DÉPÔT LÉGAL
1928
No 561
Département du R...

La Mainmise de l'Etat
sur l'Enseignement postscolaire

RAPPORTS

présentés au 44ᵉ Congrès des Jurisconsultes Catholiques
tenu à Douai, les 24, 25 et 26 Octobre 1927

LYON

IMPRIMERIE DU "NOUVELLISTE"
14, Rue de la Charité

1928

Revue Catholique des Institutions et du D...

ORGANE DES CONGRÈS DES JURISCONSULTES CATHOLIQUES
ET DES COMITÉS CATHOLIQUES DE CONSULTATIONS
fondés par M. le sénateur LUCIEN-BRUN

Secrétariat et Administration : 6, Avenue de la Bibliothèque, 6, LYON

Abonnements : France, Colonies Françaises (Canada, Ile Maurice) : 15 francs
Union postale : 20 fr. — Le N° : 3 fr. — Compte de chèque postal : Lyon 16

La **Revue** a un double but : dans le conflit des idées et des doctrines, maintenir les principes du Droit et prouver la supériorité économique et sociale de la doctrine catholique ; sur le terrain pratique, faire connaître à ses lecteurs les lois nouvelles, celles surtout qui touchent aux grands intérêts religieux et sociaux, en étudier les textes, en dévoiler les pièges et indiquer les moyens de les éviter.

Elle est l'organe des **Congrès des Jurisconsultes catholiques**, qui chaque année se réunissent pour se communiquer le résultat de leurs études et de leur expérience, et examiner les problèmes nouveaux. Elle publie leurs travaux.

Le concours d'hommes éminents, les hautes approbations accordées par un grand nombre d'Evêques et surtout par le Saint-Siège, témoignent des services que la Revue a su rendre.

Le 1er Congrès s'est réuni à Lyon en 1876, le second à Grenoble en 1877 et le troisième à Bourges en 1878 sous la présidence du Cardinal Mermillod, de Mgr Fava, de Mgr de la Tour d'Auvergne et de M. le Sénateur Lucien-Brun ; on n'a pas publié le compte rendu de leurs séances.

Les autres Congrès ont été présidés par LL. EE. les Cardinaux Mermillod, Caverot, de Cabrières, Langénieux, Foulon, Richard, Couillé, Labouré, Luçon, Sevin, Maurin ; NN. SS. de La Tour d'Auvergne, Gouthe-Soulard, Hautin, Delamaire, Fava, Freppel, Dabert, Lecoq, Dennel, Turinaz, Rumeau, Marty, Chesnelong, Bonnet, Laurans, Henry, Lobbedey, Penon, Pelt, Chollet, Quillet, de Durfort, Germain, Ruch, assistés de MM. Lucien-Brun, de Lamarzelle et Guibal, présidents des Jurisconsultes Catholiques.

4° **Angers 1879**, Les Droits de l'Etat.
5° **Périgueux 1880**, Le Droit d'Association.
6° **Lyon 1881**, L'Eglise et l'Etat.
7° **Reims 1882**, La Liberté et l'Etat.
8° **Nantes 1883**, La Propriété.
9° **Dijon 1884**, Le Césarisme et le Socialisme d'Etat.
10° **Lyon 1885**, 1er Congrès international de l'Enseignement.
11° **Lille 1886**, La Décentralisation.
12° **Montpellier 1887**, Les Principes de 1789 et la Déclaration des Droits de l'Homme.
13° **Rome 1888**, Nécessité sociale de l'accord de la législation de l'Etat avec la législation de l'Eglise.
14° **Arras 1889**, La Législation chrétienne du Travail.
15° **Angers 1890**, Le rôle social de la propriété.
16° **Lyon 1891**, Le Droit d'Association.
17° **Aix-en-Provence 1893**, Questions relatives à la réforme de l'instruction criminelle, du Code pénal et de l'exécution des peines.
18° **Paris 1894**, Les Impôts.
19° **Lyon 1895**, Les Religieux et la persécution fiscale.
20° **Lyon 1896**, Des économies, véritable solution des questions budgétaires.
21° **Paray-le-Monial 1897**, La défense religieuse sur le terrain juridique.
22° **Angers 1898**, Le Contrat d'Association.
23° **Lyon 1899**, L'Arbitraire administratif et judiciaire.
24° **Lille 1900**, La Charité.
25° **Montpellier 1901**, Le Socialisme d'Etat et la Propriété.
26° **Rennes 1902**, La situation légale de l'Eglise dans l'Etat.

27° **Nancy 1903**, Principes de Gouvernement et Protection des droits privés.
28° **Rome 1904**, La doctrine catholique et la législation civile.
29° **Montpellier 1905**, La réforme du Code civil.
30° **Périgueux 1906**, La situation de l'Eglise dans les pays non concordataires.
31° **Angers 1907**, Situation des Pauvres dans l'Eglise et dans l'Etat.
32° **Reims 1908**, Le mariage et la famille dans le droit français contemporain.
33° **Montauban 1909**, La Révolution sociale par l'impôt.
34° **Valence 1910**, Congrès international de l'Enseignement.
35° **Arras 1911**, Les collectivités professionnelles et économiques en face de l'Etat, Associations et Syndicats.
36° **Montpellier 1912**, Les Collectivités administratives en face de l'Etat, départements, communes et services publics.
37° **Lyon 1913**, Les Collectivités religieuses en face de l'Etat.
38° **Metz 1920**, La protection de la nationalité française.
39° **Lille 1922**, L'Etatisme pendant et depuis la guerre.
40° **Poitiers 1923**, La réforme de l'organisation municipale.
41° **Toulouse 1924**, La famille et son statut légal.
42° **Lyon 1925**, L'Ecole unique et la liberté d'enseignement.
43° **Strasbourg 1926**, La révolution sociale par la fiscalité.
44° **Douai 1927**, La mainmise de l'Etat sur l'enseignement postscolaire.

La **Revue** a été honorée de cinq Brefs de Pie IX, de Léon XIII et de Pie X, et les Congrès ont été reçus deux fois en audience solennelle par SS. Léon XIII et SS. Pie ...

LES EMPIÉTEMENTS DE L'ÉTAT SUR LES DROITS DE LA FAMILLE EN MATIÈRE D'ENSEIGNEMENT [1]

Monseigneur,
Messieurs,

Bien que l'enseignement postscolaire soit l'objet précis et exclusif de ce congrès, celui-ci reste dominé par le problème général de l'enseignement tout court : c'est qu'en matière scolaire, plus qu'en toute autre, toutes les parties se tiennent ; aucune question particulière n'y peut être vraiment et, en tout cas, pleinement intelligible sans la considération de l'ensemble. C'est cette vue si haute et si compréhensive des choses de l'école qui vous a déterminé, Monseigneur, à faire mettre à l'étude, même devant une assemblée aussi cultivée que celle des Jurisconsultes catholiques, les droits de la famille et de l'Etat en matière d'enseignement. Celui qui a accepté de rédiger ce premier rapport ne tient pas seulement de vous l'indication du sujet qui lui est assigné ; il ne peut revendiquer d'autre crédit que celui de votre bienveillante autorité sans le patronage de laquelle il n'aurait pas eu la témérité de paraître ici. Ainsi accomplissiez-vous doublement, avec une sagesse, une fermeté, une bonté, que nous ne cessons d'admirer, votre mission épiscopale : sur les frontières de ce congrès limité à l'enseignement postscolaire, vous faisiez ouvrir les larges perspectives de l'enseignement en général ; à ce rapporteur un peu improvisé, qui ne pouvait prétendre au mérite de parler *tanquam auctoritatem habens*, vous accordiez celui de parler sous le couvert de votre propre autorité, ce qui est, en toute rencontre, mais plus particulièrement en cette assemblée

---

(1) Rapport au XLIVe Congrès des Jurisconsultes catholiques.

qui vous vénère et qui vous aime, le plus sûr moyen de se faire agréer.

S'il convient maintenant, et en second lieu, de définir l'esprit de ce modeste travail, après en avoir marqué la place dans l'ensemble des travaux du congrès, il nous suffira de dire, en deux mots, que nous ne voulons vous offrir ni un pur exposé des principes ni un simple exposé des faits. L'exposé des principes vous sera présenté demain soir par le R. P. Janvier avec une maîtrise qui nous interdit (le mot est de rigueur tout autant que la chose) toute espèce d'empiétement ; l'exposé des faits, pris en eux-mêmes, ou pour eux-mêmes, n'a rien ni de vraiment neuf ni, après tout, de vraiment instructif ; mais des faits aux principes une confrontation s'impose qui permette de tracer, en cette matière délicate, les lignes les plus vives et les plus sensibles. Œuvre critique, par conséquent, et avant tout, à condition de l'entendre d'une critique positive et constructive, ce premier rapport voudrait s'attacher à montrer dans les faits une constante, progressive et irrésistible conjuration contre les principes, et à découvrir en ceux-ci la correction, la rectification et, au besoin, la répression de ceux-là. N'est-ce pas, au surplus, la direction que vous voulez imprimer vous-mêmes à ce congrès ? Vous lui avez donné pour titre : *La mainmise de l'Etat sur l'enseignement postscolaire* ; et le présent rapport est consacré aux *empiétements de l'Etat sur les droits des familles en matière d'enseignement. Mainmise ou empiétements de l'Etat* : on ne peut mieux marquer, plus clairement, ni plus fermement, l'intention qui préside aux travaux de ce congrès. S'il n'en est pas de plus juste, ni de plus appropriée à un tel sujet, il ne vous déplaira pas de nous entendre dire, pour commencer, que, content d'y entrer tout entier, nous nous sommes trouvé tout de suite, par surcroît, dans l'obligation de la dépasser. *Israelitae sunt, et ego* ;

semen Abrahae sunt, et ego ; ministri Christi sunt, plus ego. C'est par un *plus ego* que nous voulons ouvrir ce rapport sur les empiétements de l'Etat.

I

Il nous semble en effet qu'avant de dénoncer les empiétements de l'Etat au pluriel, il convient de dénoncer d'abord, et avant tout, un empiétement au singulier, ou plutôt l'empiétement par excellence, qui nous paraît être au fond même de l'institution scolaire actuelle. Le change est, hélas ! tellement facile à prendre ici que les meilleurs esprits n'y ont pas toujours échappé : de ce que l'institution scolaire actuelle se partage en deux groupes du reste fort inégaux, d'une part les écoles d'Etat, d'autre part les écoles privées, on peut être tenté de la croire, sinon fort satisfaisante, du moins fort innocente ; une telle décomposition porte en soi toutes les apparences d'un libéralisme bienveillant, malheureusement aussi trompeur qu'équivoque. Car s'il ne s'agit pas de recomposer les choses dans l'abstrait en les reconstituant à notre gré, il s'agit bien moins encore de les vider de leur véritable substance ; les choses ont une histoire, qui les a faites ce qu'elles sont ; et ce n'est pas de nous, mais de leur origine qu'elles tiennent toute leur signification.

Or, historiquement, l'institution scolaire actuelle se rattache au monopole ; et, quoi qu'il en puisse paraître au premier aspect, elle n'en est pas tellement différente au fond. Monopole masqué, au lieu d'être à découvert, elle demeure viciée, profondément et irrémédiablement viciée, par la supposition fausse d'un droit propre et exclusif de l'Etat en matière d'enseignement; l'Etat n'y est peut-être plus, en apparence, le seul maître d'école; il y reste, en réalité, le seul détenteur du pouvoir d'enseigner dont il dispense, au surplus, fort parcimonieusement la délégation. Tel est, historiquement, encore un coup, le principe fondamental de notre système scolaire ; et, parmi tant d'autres témoignages que nous pourrions en produire, nous n'en retiendrons qu'un seul, dont l'importance ne saurait être trop soulignée. En 1870, comme la ville d'Aix avait rédigé une pétition pour la liberté de l'enseignement supérieur, dans laquelle elle déniait à l'Etat toute espèce de droit en matière d'enseignement et concluait à la suppression du budget de l'instruction publique, le rapporteur de la loi, M. Quentin-Bauchard, s'en expliqua avec la dernière sévérité ; et il déclara, le 15 février 1870, que la liberté de l'enseignement n'était point un droit naturel, mais un droit délégué par l'Etat. « Cependant, ajoutait-il, étant donné le grand nombre de pétitionnaires, celui des départements qui se sont associés à ce mouvement, il faut donner à l'opinion qui se produit en faveur de la liberté de l'enseignement supérieur, satisfaction par une loi libérale ». Les pétitionnaires peuvent donc penser ce qu'ils veulent ; voilà ce que pense l'Etat, et voilà ce qu'il fait : il leur accorde la liberté de l'enseignement, non comme une reconnaissance sincère de leurs droits, mais comme une concession péniblement consentie à leurs réclamations.

Rien n'est pourtant plus clair, à notre avis, ni plus simple, que cette question des droits de l'Etat en matière d'enseignement. De droit propre, nous parlons bien entendu du droit d'enseigner, l'Etat n'en peut revendiquer aucun ; même dans les écoles ouvertes par ses soins, il n'intervient que comme le mandataire des familles qui seules peuvent lui déléguer un pouvoir que seules elles tiennent de la nature. L'idée de chercher dans le bien commun, qui est sa fin, un moyen détourné d'investir l'Etat du droit d'enseigner, peut paraître au premier abord une idée engageante, elle n'en est pas moins fausse. Quelque intérêt que puisse en effet trouver l'Etat à l'instruction et à l'éducation

des enfants, il ne saurait s'en prévaloir pour y
intervenir directement et souverainement : puisque Dieu
a suffisamment pourvu d'autre part, c'est-à-dire par
la famille, à l'instruction et à l'éducation des enfants,
l'Etat n'a pas à se saisir d'une affaire qui ne
relève donc plus de lui ; tout ce qu'il peut faire, en
vertu de sa mission, c'est d'aider les familles dans
l'accomplissement de leur devoir, et, le cas échéant,
si elles n'y peuvent pourvoir d'aucune manière,
de se mettre libéralement et loyalement à leur disposition ; mais même alors, redisons-le, même dans
les écoles qu'il prend l'initiative d'ouvrir aux familles,
il ne se substitue pas à elles : ce sont elles qui conti-
nuent de porter, après comme avant, la vraie et définitive responsabilité de l'instruction et de l'éducation
de leurs enfants.

A supposer, du reste, l'institution scolaire purgée
de ce faux dogme d'un droit propre à l'Etat, il n'en
subsiste pas moins une situation de fait profondément
équivoque : les écoles d'Etat sont en effet de beaucoup
les plus nombreuses et les plus puissantes ; à côté
d'elles, les écoles libres figurent à une place singulièrement modeste, à une place presque honteuse, que
l'appellation d'écoles privées a officiellement consa-
crée. Qu'on le veuille ou non et quelque théorie qu'on
professe sur le droit d'enseigner, ce sont les écoles
d'Etat qui accomplissent aujourd'hui en France, la
plus grande partie de la besogne scolaire : une telle
prépondérance équivaut pratiquement à une nouvelle
manière d'étatisme : étatisme de fait, sinon de droit :
tellement dommageable aux écoles libres, que celles-
ci s'en trouvent à peu près complètement écrasées
dans l'estime des gens. C'est ainsi qu'on peut lire,
sous la plume d'un auteur honorable, dans une publi-
cation récente, que nous nous abstenons de nommer
ici : « Les écoles libres ne sont pas des écoles qui font

concurrence à l'Etat et que l'Etat doive traiter en *ennemies* ; mais elles *complètent* l'œuvre des écoles de l'Etat ». Nous aurions, nous, tout juste pris la position inverse : ce sont les écoles libres qui sont vraiment et premièrement en possession ; et ce sont les écoles d'Etat qui complètent l'œuvre des écoles libres ; mais ce malheureux auteur voit les faits tels qu'ils sont, et il les transcrit ingénûment dans la formule la plus immédiate et la plus externe qui est nécessairement une formule étatiste. Si l'on ne peut guère songer, hélas! en l'an de grâce 1927 à faire passer la prépondérance effective du côté des écoles libres, l'Etat devrait du moins se proposer d'ôter, par une réforme salutaire, à la prépondérance des écoles publiques son caractère éminemment tendancieux. Que n'accepte-t-il pas, après tout, de se retirer des écoles en fait, comme la nature des choses exige qu'il s'en retire en droit ? Il lui suffirait d'en transmettre la réglementation et la gestion aux communes, quitte à stimuler directement, et de loin, le zèle de celles-ci. Un tel transfert ferait tomber, ipso facto, la lourde chape dont l'Etat a recouvert le pays ; l'Ecole n'apparaîtrait plus comme une sorte d'institution, et, à vrai dire, il n'y aurait plus d'Ecole ; mais il y aurait des écoles, multipliées comme les communes elles-mêmes, lesquelles, se trouvant par surcroît, beaucoup plus près des familles, auraient quelques chances de garantir beaucoup mieux leurs droits essentiels (1).

---

(1). Voir sur ce sujet particulier, comme sur toute cette question de l'école, le très remarquable opuscule de M. le chanoine H. Dehove *Le droit des familles vis-à-vis de l'Etat en matière d'enseignement et d'éducation.* Il va sans dire, au surplus, qu'en préconisant cette « désétatisation » de l'école, nous n'en recommandons pas pour autant la « municipalisation » : ce serait tomber de Charybde en Scylla. Une fois dégagées de l'Etat et restituées aux communes, il conviendrait de donner aux écoles un statut nouveau, dont le premier article serait la constitution d'un conseil de l'école, où les pères de famille tiendraient la première place.

Aussi longtemps qu'une telle réforme ne sera pas entreprise, nous serons autorisé à dénoncer dans l'institution scolaire actuelle un étatisme au moins pratique, que l'on peut bien dégager à la rigueur de toute conception perverse ; mais nous ne sommes tout de même pas assez naïf pour le croire de très bon aloi.

II

Faisons maintenant un pas de plus. Acceptons l'institution scolaire actuelle : il s'agit, bien entendu, d'un *datum non concessum*. Acceptons-la, et entrons-y.

Nous la trouvons formée de trois principes : l'obligation, la gratuité, la laïcité. C'est l'école publique, évidemment, avant tout, que nous avons en vue ; et dans l'école publique, l'école primaire ; mais l'école libre elle-même, est plus ou moins entamée, soit par les atteintes directes, soit par les répercussions de ces principes : notre exposé ne peut négliger de l'indiquer à chaque fois que les droits de la famille se trouveront en cause.

1. Or, si on les considère séparément, les trois principes de notre institution scolaire nous apparaissent comme autant d'empiétements sur les droits de la famille.

La laïcité, pour commencer par elle, s'est traduite par ces deux mesures, également attentatoires aux droits de la famille : la suppression de l'enseignement confessionnel, connue sous le nom de neutralité ; l'exclusion des congréganistes du personnel enseignant, connue sous le nom de laïcisation proprement dite. La laïcité est certainement le principe scolaire dont l'école libre a le moins souffert ; elle est justement faite pour en préserver les enfants ; l'exclusion des congréganistes retentit pourtant sur elle d'une façon au moins indirecte, en la privant du concours de maîtres particulièrement qualifiés par leur foi, par leur science, par leur expérience, et, pourquoi ne pas le dire, quoique en dernier lieu ? — par leur costume (car si l'habit ne fait pas l'instituteur, pas plus qu'il ne fait le moine, le moins qu'on puisse dire, c'est qu'il contribue singulièrement à l'accréditer).

La gratuité — deuxième principe scolaire — fait tort aussi bien, quoique d'une manière différente, aux familles des écoles publiques qui en profitent, qu'aux familles des écoles libres qui en sont exclues. Les familles des écoles libres paient deux fois, il n'est pas nécessaire d'y insister après toutes les démonstrations qui en ont été faites ; et, des deux fois, l'une constitue une injustice profonde, une injustice au plein sens du mot. Quant aux familles des écoles publiques, qui paraissent ne pas payer, elles paient tout de même, même les plus pauvres, au moins une fois, mais d'une manière détournée, et dans des proportions du reste fort variables, par leur contribution au budget ; l'injustice, qui est ici de l'ordre moral, consiste à les désintéresser de la charge pécuniaire de l'éducation de leurs enfants, dont l'Etat leur ôte le souci immédiat.

Enfin l'obligation, l'obligation légale, principe commun à l'école publique et à l'école libre, malgré l'appui inattendu qu'elle a pu trouver auprès de certains catholiques, ne nous en semble pas plus facilement acceptable. Que les parents soient obligés d'assurer à leurs enfants l'instruction religieuse et même, règle générale, une instruction profane élémentaire, personne n'y contredit ; mais l'intervention de l'Etat, sous la forme de la loi, et avec la menace des coercitions appropriées, n'a certainement pas été jusqu'ici justifiée par aucun principe certain, et, pour tout dire, nous la croyons proprement abusive. « Véritable usurpation et renversement de l'ordre naturel, écrit le cardinal Billot, la loi qui a rendu l'instruction obligatoire, même abstraction faite de son caractère impie de laïcité et d'athéisme ! » Guizot y dénonçait à son tour « une intervention dans le domaine de la famille, une limitation imposée, une contrainte apportée à l'autorité paternelle... » (1).

Ainsi les trois principes du système scolaire actuel nous apparaissent-ils comme profondément dommageables aux familles.

2. Nous venons de les considérer séparément : tel est le jugement qu'il convient de porter de chacun d'eux ; mais ce qui nous paraît infiniment plus grave, c'est qu'on ne puisse pas justement les séparer ; et ce premier jugement, pour cette raison même, étant trop particulier, demeure donc essentiellement imparfait. Les trois principes scolaires forment en effet à la lettre un tout, dont aucun ne peut être détaché et dont l'enchaînement est fait d'une rare perversité. Dans ce tout, l'obligation et la gratuité sont d'abord ordonnées l'une à l'autre : il fallait que l'enseignement, étant obligatoire, fût gratuit ; et, étant gratuit, il ne pouvait manquer de devenir obligatoire : on ne comprendrait ni que l'Etat imposât l'enseignement sans en faire les frais, ni qu'il en fît les frais sans l'imposer ; mais l'une et l'autre à leur tour, l'obligation et la gratuité, bien loin d'être faites pour elles-mêmes, elles n'apparaissent que comme des moyens coordonnés à une fin plus haute et plus générale, qui est la laïcité. Tel est le dernier fond et le secret suprême de notre institution scolaire : elle est essentiellement, c'est-à-dire uniquement, une entreprise de laïcité ; et c'est ce que nous devons par dessus tout réprouver en elle, comme étant par dessus tout attentatoire aux droits de la famille. Non que nous ne comprenions, certes, que, dans un pays divisé de croyances et d'idées comme le nôtre, l'Etat ne puisse mettre

---

(1) Voir A. Michel, *La question scolaire et les principes théologiques*, p. 51 et seq.

des écoles laïques à la disposition des familles qui n'en veulent pas d'autres, tout comme, et toutes proportions gardées, il peut instituer un mariage civil à la disposition soit des non-chrétiens qui se trouvent exclus du mariage de l'Eglise, soit des mauvais chrétiens qui n'acceptent pas d'y recourir ; mais ce que nous nous refusons à admettre, c'est que toute l'école publique française soit ainsi faite ; c'est que toutes les familles françaises soient plus ou moins irrésistiblement engagées par la double contrainte de l'obligation et de la gratuité dans cette redoutable impasse de la laïcité. Le philosophe Bayle, l'un des pères les plus authentiques de la Révolution, écrivit autrefois un commentaire célèbre sur le *Compelle intrare* pour combattre ce qu'il appelait, dans son jargon philosophique, les persécutions papistiques. Par une dérision amère, dont ce n'est pas ici le seul exemple, ceux qui pratiquent le plus effrontément le *Compelle intrare* ont toujours pris la précaution de le dénoncer chez les autres.

3. Si l'on ajoute que la double influence de l'obligation et de la gratuité ne fut pas absolument contraignante et que les familles, demeurées libres devant la laïcité, n'y donnèrent en fin de compte leur adhésion qu'en pleine connaissance de cause, nous ajouterons, nous aussi, en ce cas, que la violence, pour être efficace, dut se doubler d'un mensonge qui ne fit qu'aggraver l'injustice à l'égard des familles. Car que les familles aient hésité, ou même résisté, devant la laïcité, on ne le sait que trop, et il convient de le redire à leur honneur ; mais on a calmé, justement, on a refoulé leurs trop légitimes appréhensions par cette trompeuse neutralité, par cette impossible neutralité, représentée d'abord comme respectueuse de toutes les religions, et devenue depuis longtemps l'arme la plus redoutable contre elles. Comme la violence ne suffisait

pas, on consomma par la ruse l'œuvre entreprise contre les familles françaises. Quand cette œuvre, qui n'est rien moins que la déchristianisation de la jeunesse, est déjà condamnable en soi, on peut la traiter d'empiétement sur les droits de la famille ; si elle a, en outre, recours à des moyens abhorrés comme la violence et le mensonge, un tel empiétement est d'une espèce particulière et il porte un autre nom : dans toutes les langues, il s'appelle du brigandage.

III

Bien que notre analyse soit déjà jusqu'ici tristement instructive, tout n'y est pourtant pas contenu. A côté de la loi acquise, il y a le projet ; à côté de la réalité, la menace ; et c'est ce qu'il convient d'indiquer, pour finir, si l'on veut se former une idée juste et complète de notre institution scolaire.

Des projets ou des menaces scolaires, nous en signalerons ici trois, qui se rapprochent chaque jour de nous, et que nous considérons comme particulièrement attentatoires aux droits de la famille.

Un premier projet, déposé par M. Daladier le 31 décembre 1925, a trait à la création de conseils d'école : projet étatiste, s'il en est, sournoisement présenté sous de fausses apparences de décentralisation. Le conseil d'école, qui aura pour mission de gérer les intérêts moraux et matériels de l'école maternelle ou élémentaire, est en effet d'une composition significative : les père et mère de famille, au lieu d'y figurer de plein droit et au premier rang, n'y seront introduits que par le conseil lui-même déjà formé et, par conséquent, à la dernière place ; alors que toutes les associations postscolaires ou périscolaires, tous les groupements professionnels y fourniront des délégués, les associations de chefs de familles n'y seront même pas représentées. « Est-il exagéré de dire, demande un auteur, que ce projet de loi, en même temps qu'il constitue une nouvelle et la plus tyrannique des mainmises de l'État sur l'école, bafoue la famille ? » (1) Jamais, en effet, on n'avait plus scandaleusement écrasé la famille sur la porte de l'école où on lui prend ses enfants.

Un deuxième et un troisième projet, déposés par le même M. Daladier les 19 janvier et 24 février 1926, se proposent soit d'aggraver l'obligation scolaire par de nouvelles sanctions, soit d'étendre l'obligation à l'enseignement postscolaire qui atteindrait désormais les jeunes gens des deux sexes de 13 à 18 ans révolus. « De proche en proche, écrivait le *Temps*, en date du 21 février 1926, l'enfant sera plus ou moins pris à ses parents... Un immense pouvoir de pédagogue s'abat sur lui et sa famille ».

Une dernière mesure, qui ne paraît pas encore avoir été mise jusqu'ici en projet, mais qui n'en est ni moins certaine ni moins redoutable, prévoit l'extension de la gratuité à l'enseignement secondaire. M. Herriot en a donné tout récemment la formule en des termes de la plus basse démagogie, qui ont soulevé le cœur de tous les honnêtes gens ; mais on a trop oublié, à ce propos, que dans sa déclaration ministérielle du 17 juin 1924, le même M. Herriot, alors président du conseil, avait déjà écrit : « Nous pensons que la démocratie ne sera pas complètement fondée tant que dans notre pays l'accession à l'enseignement secondaire sera déterminée par la fortune des parents, et non comme il convient, par le mérite des enfants ». L'idée n'est donc pas d'hier ; le borgne sonore qui préside aux destinées de l'Instruction publique lui a simplement trouvé, dans son dernier discours, une formule moins habile.

---

(1) A. Bessières, *La bataille pour l'enfant*, p. 32.

Ainsi, Messieurs, de même que tout se tient, comme nous le faisions observer tout à l'heure, dans notre système scolaire, tout y progresse : les nouvelles mesures projetées ou annoncées constituent comme autant d'avances qui doivent être elles-mêmes rapidement dépassées ; présentes, prochaines, ou lointaines, elles se portent d'un mouvement unanime vers la réalisation de l'idée funeste et désastreuse qui les sous-entend toutes et les explique toutes : la constitution de l'école unique. « Patiemment, silencieusement, méthodiquement, a dit M. Herriot, je prépare l'école unique » ; et, par l'école unique, il n'en faut pas douter, le monopole. Des libéraux, qui le sont dans tous les sens du mot, excepté le bon, peuvent écrire que l'école unique est possible sans l'impossible monopole ; et tous les ministres de la République peuvent prendre la Chambre à témoin que les deux projets ne sont pas nécessairement liés ; libéraux et ministres, nous les connaissons depuis longtemps : les libéraux ont toujours cherché dans des formules académiques une protection et un répit contre les horreurs de la politique ; les ministres ne se gênent point pour remettre au lendemain le soin de dire la vérité. M. Ducos, rapporteur du budget de l'Instruction publique, écrivait dans son rapport : « l'idée du monopole est écartée des plans de réforme jusqu'à présent soumis au public » ; dans la séance du 2 décembre 1925, sur l'intervention pressante de M. Groussau, il finissait par avouer un monopole de fait qui ne serait pas, disait-il, « la conséquence d'un décret ou d'une loi, mais le résultat de l'œuvre de justice que nous avons accomplie dans l'enseignement de l'Etat ». Dégagée d'un premier monopole, l'institution scolaire évolue donc à grands pas vers un second monopole ; ou plutôt, et pour mieux dire, il n'y a pas lieu de faire intervenir ici cette distinction de premier et de second monopole : du monopole, l'institution scolaire ne s'est jamais vraiment dégagée ; elle l'aménage seulement aujourd'hui d'une autre manière. Le monopole napoléonien était un monopole brutal et massif ; le monopole actuel est fait de mille mesures insensibles et souples. Le monopole napoléonien était une caserne dans laquelle les Français, qui ne s'y trouvaient point préparés, ont tout de suite réclamé de l'air et de la lumière ; aujourd'hui que les esprits sont empoisonnés et obnubilés par 50 ans d'école laïque, ils se laissent doucement enrôler dans le nouvel édifice ; et, lorsque celui-ci les aura complètement recouverts, ils auront encore l'affreuse naïveté, dans laquelle on les entretient, de s'y croire en liberté dans un palais doré.

*
* *

Telle est, Messieurs, l'épouvantable machine de guerre (car il faut, pour finir, l'appeler par son nom), qu'on dresse contre les familles françaises. Nous ne croyons pas, encore un coup, à la bonne foi de nos gouvernants ; nous savons qu'en dépit de toutes leurs protestations verbales, ils préparent, par l'étatisation et la laïcisation de la jeunesse, la plus monstrueuse iniquité des temps modernes. Nous ne sommes pas dupes du mensonge ; et nous ne voulons pas être complices de l'iniquité. Une politique jusqu'ici trop accréditée, qu'on a appelée la politique de l'hypothèse, s'est contentée de suivre l'adversaire, à la fois éplorée et résignée, sur toutes les positions qu'il adoptait : une telle politique ne sera pas la nôtre. Elle se donne, comme on dit, pour le fin du fin ; elle est tout simplement la plus grossière, ignorant tout de la doctrine et de la tactique de l'ennemi, pour qui l'hypothèse n'est qu'un masque dont il couvre provisoirement son vrai visage. Elle est, en outre, la plus ingrate et la plus vaine, consentant d'avance à toutes les défaites dont aucune ne lui fut du reste épargnée. Ce que nous devons nous proposer, contre cet infernal plan d'ensemble qui se déroule sous nos yeux depuis 50 ans avec une logique implacable, c'est de dresser notre plan, à nous, qui soit pareillement un plan d'ensemble, le plan de l'Eglise en face du plan de la Maçonnerie, et d'en poursuivre la réalisation non seulement avec une sagesse sans défaillance, mais aussi, mais surtout peut-être, avec une sainte et inexorable hardiesse. Le secret de la victoire est ici, comme en toutes choses, de savoir ce qu'on veut et de vouloir ce qu'on veut. Il est sans exemple que la divine Providence n'ait point récompensé des hommes éclairés et décidés qui, au lieu de suivre le diable en ses évolutions tortueuses, choisissent ses voies à elle, qui sont par excellence les voies droites et heureuses.

Chanoine BOUCHÉ,
Professeur à la Faculté de Théologie
de Lille.

L'ENSEIGNEMENT TECHNIQUE [1]

Qu'appelle-t-on aujourd'hui : Enseignement technique ?

La loi Astier du 25 juillet 1919 nous en donne la définition dans son article 1er :

« L'enseignement technique, industriel ou commercial a pour objet, sans préjudice d'un complément d'enseignement général, l'étude théorique et pratique des sciences et des arts ou métiers en vue de l'industrie ou du commerce. »

L'enseignement technique consistera donc à apprendre *à l'ouvrier* son métier, sa profession, d'où le nom d'enseignement professionnel donné généralement à ce degré de l'enseignement technique.

Le champ est immense qui s'étend devant nous : les métiers sont si nombreux et les professeurs idoines si difficiles à trouver !

Nous devons donc féliciter et encourager ceux qui ont eu la généreuse initiative de créer des cours professionnels d'apprentissage ou de préapprentissage sous quelque forme que ce soit : cours du jour, cours du soir, cours du samedi après-midi.

Au 2e degré, il faut donner *aux contremaîtres* des notions très pratiques d'un enseignement encore tout à fait spécialisé : les contremaîtres doivent, en effet, connaître non seulement le maniement normal des machines dont ils auront la surveillance, mais la façon de remédier aux difficultés qui se présentent journellement soit par les notions qu'ils auront acquises, soit par des tours de main qu'ils trouveront eux-mêmes.

Pour arriver à ce résultat, ils ont besoin d'une certaine culture générale pour tenir l'intelligence en éveil.

---

[1] Rapport au 44e Congrès des Jurisconsultes catholiques.

Au 3ᵉ degré la spécialisation commence à disparaître et vous voyez *les élèves des arts et métiers* partager leur temps entre l'atelier et les cours ; *dans les ateliers*, ils pratiqueront successivement l'ajustage, le modelage, la forge, la fonderie, l'électricité, car un ingénieur d'arts et métiers doit être à même de montrer à l'ouvrier comment se servir de sa machine et de son outil. *Mais les cours* lui sont également nécessaires, car l'ingénieur doit présider à la réparation et à la construction du matériel, et doit découvrir les causes des accidents, avaries, usures anormales, etc...

Il doit enfin posséder la culture générale indispensable pour pouvoir bien commander à des contremaîtres et à des ouvriers.

Enfin au 4ᵉ degré, c'est *la formation générale* qui est l'objet principal. L'école type, l'Ecole centrale des Arts et Manufactures a compris cette nécessité : le grand chef d'une industrie importante doit avoir une culture très étendue où la littérature et la philosophie ont leur place marquée comme la culture technique proprement dite.

L'intelligence doit être avisée pour concevoir les grands problèmes, les exposer clairement ; le jugement doit être sûr, appuyé sur des notions de psychologie et de logique, pour commander et assurer l'exécution des vastes conceptions. Le bon sens français complétera l'œuvre en découvrant les chemins de l'avenir, en orientant les recherches, en favorisant le progrès.

A tous les degrés, même au 1ᵉʳ, l'enseignement technique nécessite la *formation morale*. Voulez-vous le témoignage d'un homme d'expérience à ce sujet ? Voici la pensée du chanoine Boisard qui dirige depuis quarante ans l'école d'apprentissage de la Guillotière à Lyon :

« Si l'éducation manque, l'ouvrier ne sera pas un homme dans la valeur du terme, il ne sera même pas un ouvrier vraiment utile parce qu'il manquera de raison, de conscience, de persévérance, et comme il n'y a pas deux hommes dans le même individu, si vous n'exigez pas à l'atelier d'apprentissage les vertus de force, d'effort, de volonté, vous déformerez l'homme et vous encourrez une grande responsabilité. Pour être complets, vous devrez développer dans l'enfant la facilité de comparer, de prévoir, de réfléchir, et en outre le rendre capable d'employer l'argent que vous lui apprenez à gagner. En un mot, maîtres d'apprentissage, vous remplissez des *fonctions paternelles.* »

Connaissant ce que doit être l'enseignement technique, voyons *comment il est donné en France à l'heure actuelle ?*

L'enseignement officiel comprend, en exécution de la loi du 25 juillet 1919, dite loi Astier, des cours professionnels obligatoires.

En mars 1926, dit un rapport officiel déposé à la Chambre des Députés, ces cours professionnels fonctionnent dans 73 départements et 423 communes, et M. Herriot disait à Tarbes le 23 novembre 1926 : « Cet enseignement donne déjà des soins à plus de 200.000 jeunes gens et il poursuit son but qui est d'en atteindre 600.000. »

Chaque mois, le *Journal Officiel* nous annonce en effet le nom d'une ou de plusieurs communes où l'on a créé des cours professionnels, et ces communes sont dispersées un peu dans toute la France puisque je relève en dernier lieu des créations dans le Cher, l'Hérault, la Seine, le Morbihan.

Ces cours sont en général donnés en fin de journée : une heure est prise sur le temps de travail normal et une heure est prise sur le loisir de l'ouvrier. Quelquefois les cours sont donnés le samedi après midi ou le dimanche matin.

Ils n'existaient avant guerre que d'une façon rudimentaire, mais la loi de 48 heures a facilité grandement leur développement.

Quand les parents consentent à se priver du salaire de leurs enfants, ils peuvent les envoyer 1 an ou 2 dans les écoles pratiques de commerce et d'industrie dont le nombre qui était de 68 avant guerre, a déjà plus que doublé : On comptait déjà 144 écoles pratiques au 1ᵉʳ Avril 1926 :

94 écoles pratiques de garçons.

7 écoles d'industrie hôtellière.

27 écoles de filles.

16 écoles en Alsace-Lorraine.

M. Labbé, directeur général de l'Enseignement technique nous donnait en avril dernier la raison de la création de ces écoles. « Nous multiplions les écoles pratiques, car l'école pratique est le point d'appui des cours professionnels. Dans le plan d'extension de l'Enseignement technique, elle a la première place dans l'intérêt de l'apprentissage, pour lui fournir son armature et lui préparer les chemins. »

Si nous franchissons un degré, nous trouvons les écoles professionnelles dont je n'ai pu fixer le nombre pour la province. A Paris seulement, il y en a 5 pour les garçons avec un effectif de 1.200 à 1.500 élèves et 8 pour les filles avec un effectif de 2.000 à 2.500 élèves.

Nous trouvons aussi une douzaine d'écoles de métiers, à Amiens, Champagne-sur-Seine, Felletin, Gourdan-Polignan, Douai ;

A Paris seulement : 1 école de couverture et plomberie, rue des Epinettes.

1 école de gravure de musique, à Montrouge.

1 école de maçonnerie, rue Saint-Lambert.

1 école de vêtement, rue de Babylone.

Puis 2 écoles de métiers de filles à Avon et à Limoges.

Enfin les écoles nationales professionnelles qui ont pour objet de former des contremaîtres, des chefs d'atelier et des techniciens intermédiaires entre les ingénieurs et les ouvriers. Elles sont au nombre de 10 : Armentières, Epinal, Nantes, Vierzon, Voiron, Tarbes, Corte, Morez, Thiers, Saint-Etienne.

Enfin les écoles nationales d'arts et métiers ont pour but de former des ingénieurs, des chefs d'atelier et des industriels versés dans la pratique des arts mécaniques. Elles sont au nombre de 6 : Aix, Angers, Châlons-sur-Marne, Cluny, Lille, Paris.

Pour former les futurs professeurs des Ecoles pratiques de commerce et d'industrie, il existe à Paris, boulevard de l'Hôpital, une école normale de l'enseignement technique.

En résumé le nombre total des élèves atteints en 1926 par l'enseignement technique officiel est de : 311.753 avec un accroissement de 63.000 sur l'année 1925.

Il est beaucoup plus difficile de dénombrer les établissements *d'enseignement technique libres*, ces établissements n'étant pas catalogués comme ceux de l'Etat.

Les frères des écoles chrétiennes, les Jésuites, admirables éducateurs, auraient bien développé cet enseignement si les malheureuses lois de proscription ne les avaient chassé hors de France.

D'autres dévouements se sont fait jour heureusement et l'initiative privée a créé de multiples écoles tantôt avec le concours ou le patronage des Chambres de Commerce, des groupements patronaux, tantôt avec la bonne volonté de quelques ingénieurs seulement, ou même avec la volonté tenace d'un directeur d'œuvres ou de patronage.

Je sais qu'il existe des écoles libres à Lyon, à Epinal, en Bretagne, mais pour ne parler que des plus importantes écoles du Nord, nous trouvons à Lille :

1 école des hautes études industrielles.

1 institut catholique d'arts et métiers.

2 écoles de commerce.

2 écoles d'électricité.

1 école spéciale professionnelle.

Nous trouvons à Roubaix :

1 institut technique.

1 école professionnelle.

Nous trouvons à Tourcoing :

1 école industrielle.

Nous trouvons à Dunkerque :

1 école pratique.

Il m'est impossible de citer tous les cours et centres d'apprentissage industriel et commercial. Pour en faire comprendre l'importance, je dirai seulement que, dès l'avant-guerre, le nombre des auditeurs des cours du soir qui étaient donnés dans les locaux et ateliers de l'I. C. A. M. à Lille, variaient de 600 à 900, et j'ajouterai que par un prodige de dévouement ces cours ont continué pendant la guerre et ont valu à leurs promoteurs le prix Monthyon que M. Poincaré leur a envoyé avec une élogieuse citation.

La place prise par l'enseignement technique libre était telle que, lors du vote de la taxe d'apprentissage, on a été obligé de promettre publiquement qu'on tiendrait compte des efforts déjà faits par beaucoup d'assujettis à la taxe. Maître Souriac vous dira bientôt comment on a tenu cette promesse, je ne veux pas empiéter sur son terrain, mais vous me permettrez bien de lui dire en passant combien les industriels apprécient ses conseils éclairés et combien ils lui sont reconnaissants de son intelligente collaboration.

Ce développement de l'Enseignement Technique privé est admirable à plusieurs points de vue.

En premier lieu, il s'est développé par ses propres moyens, sans jamais obtenir le moindre subside de l'Etat, or, chacun sait les frais considérables que nécessite l'établissement des cours et surtout des écoles techniques.

Non seulement l'enseignement privé n'a obtenu aucune subvention, mais il a été en but à de multiples tracasseries de la part de l'Etat. La loi Astier a multiplié ces entraves et de nombreux décrets sont venus les accentuer.

Le sous-secrétariat de l'Enseignement technique se croit seul capable de juger les connaissances professionnelles nécessaires pour diriger une école d'enseignement technique.

Si un professeur ne possède pas les titres ou diplômes délivrés par les écoles techniques *publiques* ou les écoles privées *reconnues par l'Etat*, il doit, pour pouvoir donner l'enseignement technique dans une école privée, justifier de cinq années de pratique professionnelle et être reconnu apte à ses fonctions par le sous-secrétaire d'Etat après avis du Comité d'inspection.

Chaque année de nouvelles conditions sont imposées, de sorte que les écoles privées sont soumises à un véritable arbitraire administratif.

La Direction de l'Enseignement technique voudrait nous faire croire que seul le certificat officiel d'aptitude professionnelle consacrerait l'apprentissage. M. Herriot est un peu moins sévère, puisque dans sa circulaire du 30 avril 1927, il nous a dit qu'on pouvait se contenter d'un « examen analogue. »

Mais le Ministre redevient partial quand il ne veut concéder le brevet professionnel qu'aux élèves des écoles officielles : cette prétention est vraiment inadmissible.

Ne conviendrait-il pas au contraire de louer les initiatives désintéressées, d'encourager les dévouements comme celui de ce colonel d'artillerie qui devança d'un an l'âge de la retraite pour se consacrer tout entier à la formation des apprentis et devenir le conseiller technique des équipes sociales de M. Garric ?

Cet enseignement là n'est pourtant pas « nocif » comme a osé le dire M. le Sénateur Dron dans une séance mémorable du Comité départemental de l'enseignement technique du Nord. La persécution, dont il est l'objet, loin de lui faire baisser la tête, lui fera au contraire réclamer sa place au grand jour, toute la place à laquelle il a droit.

Le développement intense de l'enseignement technique prouve assez son utilité, sa nécessité même, mais *dans quel sens va-t-il évoluer ?* ou plutôt dans quel sens voudrait-on le faire évoluer ?

La circulaire du 4 décembre 1926 de M. Herriot, demande l'assimilation de l'enseignement technique et de l'enseignement postscolaire.

Cette circulaire est adressée aux préfets qui, étant de droit membres des Comités départementaux de l'Enseignement technique et des Comités départementaux de l'enseignement primaire, ont toute facilité pour assurer la coordination de l'enseignement général et de l'enseignement professionnel.

Ce n'est pas une nouvelle idée, mais il fallait acheminer lentement les esprits vers cette union de l'enseignement postscolaire avec l'enseignement technique.

« Là où des cours professionnels proprement dits n'existeront pas, disait-on déjà à la Chambre le 19 décembre 1925, les cours complémentaires d'enseignement postscolaire en tiendront lieu, de telle sorte que les employeurs devront y envoyer leurs apprentis ».

Ou inversement :

« Sont également considérés comme organisme d'enseignement postscolaire, dit le projet Daladier déposé à la Chambre le 24 février 1926, les cours professionnels à l'usage des adultes, fonctionnant en application de la loi du 2 août 1918 et de la loi du 25 juillet 1919. »

Les rapports s'accumulent : ce sont les rapports Ducos sur le budget de l'Instruction publique, incorporant l'enseignement technique dans le projet de l'Ecole unique. C'est le projet Daladier, dont je vous ai cité un extrait, dans lequel l'obligation postscolaire se combine avec l'obligation de la loi Astier. C'est le rapport Locquin du 13 mars 1926 sur le budget de l'enseignement technique.

Et tous ces rapports tendent à l'unification des deux enseignements : voulez-vous des chiffres ?

650.000 enfants devraient recevoir l'enseignement professionnel, dit Locquin ;

675.000 enfants devraient recevoir l'enseignement postscolaire obligatoire, dit Daladier.

La préparation législative aboutit à cette pensée maîtresse : l'enseignement professionnel et l'enseignement postscolaire se rejoignent, se complètent, ils ne feront qu'un.

La *Journée Industrielle* du 14 novembre 1926 rendait compte d'une réunion au Ministère de l'Instruction publique des présidents des diverses associations d'enseignement : postscolaire, professionnel, philotechnique, de la Seine dont le but était de rechercher les moyens d'établir une collaboration entre l'enseignement général et l'enseignement professionnel.

On est d'accord, ajoutait-elle, sur l'urgence d'une organisation géographique et pédagogique du pays qui permettrait de réaliser l'*interpénétration des deux enseignements*.

Le terrain ainsi préparé, M. Herriot pourra lancer sa fameuse circulaire du 4 décembre 1926 : « Le temps est venu d'organiser d'une façon méthodique et complète l'enseignement postscolaire par la collaboration des cours d'adultes et des cours professionnels. »

C'est qu'il voit deux avantages à cette méthode :

1° Celui de rendre l'enseignement postscolaire obligatoire :

« La collaboration des cours d'adultes et des cours professionnels permettra de faire profiter les premiers du principe de l'obligation inscrite dans la loi du 25 juillet 1919 » ;

2° L'avantage de faire bénéficier l'enseignement postscolaire des ressources de la taxe d'apprentissage :

Voyez le *Journal Officiel* du 16 décembre 1925, rapport Ducos :

« Il me semble que sur le produit de la taxe d'apprentissage, on pourrait consacrer quelques millions à l'enseignement général », et plus loin : « j'estime qu'il est du devoir des industriels et des commerçants de donner non pas seulement pour l'enseignement commercial et industriel, mais aussi pour l'enseignement général ».

Quelles seront les *conséquences de cette assimilation de l'enseignement technique à l'enseignement postscolaire ?* Elle aura pour résultat d'englober, grâce à l'enseignement technique, toutes les activités de l'adolescent.

Ceci ressort des programmes que Daladier énumérait :

1° Science et dessin appliqué à la profession, c'est-à-dire non pas l'apprentissage-pratique qui rendra service à l'industrie et qui est apprécié par l'ouvrier, mais la science, la théorie de la profession, dont la nécessité est bien contestable pour la masse !

2° Education physique, « élément indispensable de formation, dira M. Naegelin à la séance de clôture du Congrès de la Ligue de l'enseignement à Strasbourg, en juillet dernier. L'éducation physique n'est pas un accident dans la vie d'un homme : elle doit commencer avant sa naissance, l'enfant doit être protégé jusque dans le sein de sa mère ! » Et plus loin :

« Le domaine qui appartient à l'enseignement, c'est l'éducation physique dans le bas âge, à l'école, dans l'enseignement postscolaire » ;

3° Eléments d'éducation civique et sociale. Initiation esthétique. Hygiène sociale et professionnelle.

« En Allemagne, c'est partie intégrante de l'enseignement postscolaire, » a dit M. Luc au Congrès de Strasbourg. (Est-ce vraiment en Allemagne que nous devons aller chercher des leçons d'éducation ?)

Mais ceci est une raison accessoire, M. Naegelin, toujours au même Congrès est plus profond :

« Il y a beaucoup à faire dans ce domaine, cela se comprend, ce sont les *adolescents* qu'il faut saisir. Les enfants ne peuvent pas s'intéresser à ces choses, car ils sont trop jeunes !»

Par l'éducation civique et morale, *la main-mise généralisée sur la jeunesse*, voilà bien le but qu'on cherche à atteindre depuis des années !

Ecoutez Bénazet le 24 mai 1926 (il était alors sous-secrétaire d'Etat à l'enseignement technique) : « Ce n'est pas à l'école primaire qu'on forme le citoyen, c'est de 13 à 21 ans qu'il faut donner l'enseignement civique » et Ducos en 1925 : « Ce à quoi nous tiendrons, ce sera surtout à ce qu'il n'y ait plus un jeune Français, ni une jeune Française de 13 à 18 ans qui ne reçoive l'enseignement général, l'enseignement physique et l'enseignement professionnel ».

On comprend quelle influence cet enseignement peut exercer sur la mentalité du travailleur à l'âge de la formation.

Car il s'agit d'un enseignement laïque, dans le plus mauvais sens du mot, donné par des maîtres laïques.

Que l'enseignement soit laïque, il suffit pour s'en convaincre de consulter les manuels proposés : « S'il s'agit d'un livre de morale à mettre entre les mains des grands des cours d'adultes, des cours complémentaires, des écoles supérieures, prenez donc les Entretiens de morale républicaine de Franchet ou le Manuel de sociologie de Glaize ou la Morale laïque de Bayet » (1).

Voulez-vous quelques extraits du premier ?

Au point de vue social :

« Il faut créer le plus possible de richesses collectives pour que la pauvreté des déshérités diminue et que l'inégalité sociale soit corrigée.

« Rien n'empêche l'Etat de reprendre dans ce but, outre les Mines et les Chemins de fer, les services d'éclairage et des eaux, les grandes usines, les raffineries, les assurances, toutes les grandes entreprises qui appartiennent à des sociétés anonymes et drainent au profit des riches le travail des pauvres.

« De même, la collectivité pourrait exproprier les grands domaines agricoles — De même encore, la collectivité pourrait reprendre certains commerces — C'est en accroissant la propriété collective et en *modernisant* la pratique de l'héritage que nous constituerons une société bien organisée, ou, tout appartenant à tous, tout le monde travaillera pour le bien-être de tous. Seule, cette organisation sera capable de réaliser notre idéal, le bonheur de tous. »

Au point de vue moral :

« Il est une raison qui nous empêche de regretter cette illusoire consolation que les malheureux trouvaient dans l'espoir d'une vie meilleure, d'un monde plus juste, c'est que la conviction qu'ils auront qu'on ne doit rien attendre d'une autre vie, les incitera à poursuivre sur la terre même la réalisation de leur idéal : le monde de justice, le monde de bonheur qu'ils rêvaient.

---

(1) *Revue de l'Enseignement primaire*, 21 mars 1926.

de connaître après la mort, ils voudront le connaître pendant leur vie : tout au moins, ils contribueront à se rapprocher de cet idéal. »

Au point de vue de la famille :

« Autrefois le père avait dans la famille une autorité absolue. La conception de la famille a heureusement changé. Sous la direction du père, elle était une monarchie absolue, elle devient de plus en plus une république égalitaire. »

Quels seront *les maîtres* ? M. Herriot nous l'apprend encore dans sa circulaire du 4 décembre 1926 :

« Notre personnel de l'enseignement primaire, qui a joué un rôle primordial dans le progrès intellectuel et social de notre démocratie, est seul capable de donner à l'école primaire son complément naturel, l'enseignement postscolaire. »

Or, Franchet a des recommandations à faire aux instituteurs :

« Il faut leur faire comprendre qu'ils n'ont plus rien à craindre du passé, qu'ils sont à l'abri de toute inquisition, de toute terreur capitaliste et de toute réaction religieuse : et alors ils oseront formuler devant les enfants du peuple la grande synthèse philosophique et scientifique qui résume le travail de notre temps. »

Il n'y a plus à nous étonner après cela que sur 120.000 instituteurs enseignant en France, 80.000 soient affiliés à la C. G. T. et 10.000 à la C. G. T. U.!

Je m'excuse de m'être étendu trop longtemps peut-être sur les conséquences de l'assimilation de l'enseignement technique à l'enseignement postscolaire, et j'en reviens à *l'évolution de l'enseignement technique*, car ceci ne sera qu'une étape de la route parfaitement jalonnée qui conduira l'enseignement technique, si nous n'y prenons garde, jusque dans le futur ministère de l'éducation nationale.

Le point de départ avait été le rattachement de l'Enseignement technique au ministère de l'Instruction publique.

Ecoutez ce qu'écrit M. Labbé, directeur de l'Enseignement technique en 1923 :

« On avait été sage en créant l'Enseignement technique, de le rattacher au Ministère du Commerce et de l'Industrie. A ce moment, il n'était qu'une pauvre petite plante chétive qui avait grand besoin d'air et de lumière et qui n'aurait pu s'épanouir librement à l'ombre des grands arbres qu'étaient déjà les enseignements classiques. Mais aujourd'hui, la petite plante est devenue robuste, son tronc est solide et ses rameaux vigoureux. Pour parler sans métaphore, l'enseignement technique s'est affirmé, a pris conscience de sa valeur et de sa force. Il a défini ses buts, fixé ses programmes et ses méthodes, il n'y avait plus d'inconvénients, au contraire, à le rapprocher des enseignements universitaires. »

M. Vidal, alors sous-secrétaire d'Etat à l'enseignement technique, affirmait en 1924 cette volonté de pousser l'enseignement technique hors de son domaine et voyait dans ce rattachement au Ministère de l'Instruction publique le moyen de le faire déborder sur l'enseignement agricole.

Quant à M. Ferdinand Buisson, il avait déjà marqué le point d'arrivée quand il disait en 1908 que l'enseignement technique entrerait dans un plan d'ensemble dont il serait une des parties constitutives essentielles.

Aussi un des sujets de préoccupation de ses disciples sera de rechercher comment l'Enseignement technique fera partie de l'école unique et comment l'école unique pourra servir au développement indispensable de l'Enseignement technique, et certains diront que le mérite énorme de la loi Astier est d'avoir prévu juste et d'avoir disposé les cadres de la grande organisation à créer.

Cette grande organisation, M. Herriot la veut calquée sur le plan de l'enseignement général : il nous l'a dit à la Chambre le 1ᵉʳ décembre 1926 :

« Si vous regardez de près nos conceptions, vous verrez que, dans notre pensée, il y a les différentes catégories que vous trouvez dans l'enseignement général : primaire, secondaire, supérieur. Le primaire avec les cours d'apprentissage, le primaire supérieur et le secondaire avec les écoles nationales ; au sommet, les instituts spécialisés. »

Ces instituts spécialisés seront comme « le cerveau d'où émanera la pensée directive » qui animera, soutiendra et aidera le mouvement rénovateur dans toute son étendue. Ces instituts coordonneront les moyens d'action, depuis la grande école technique de chaque industrie jusqu'au plus modeste cours d'apprentissage. En un mot, ils auront pour mission de centraliser tous les moyens d'action corporatifs susceptibles de favoriser la formation professionnelle à tous les degrés.

Quelques mois après ces déclarations de M. Herriot, la « Formation professionnelle », revue dont je vous parlerai tout à l'heure, pouvait concrétiser dans un schéma impressionnant le système général de l'enseignement à 4 degrés :

L'éducation de la masse non sélectionnée constitue le premier degré :

Ecole primaire jusqu'à 12 ans.

De 12 à 15 ans :

Cours complémentaires ;

Cours professionnels.

De 15 à 18 ans : Education postscolaire obligatoire.

La formation des élites sélectionnés constitue les trois autres degrés.

Au deuxième degré, les collèges prendront les enfants de 11 à 12 à 15 ans et les classeront en trois sections suivant leurs aptitudes :

Section classique ;

Section moderne ;

Section technique.

Au troisième degré, les élèves des lycées (15 à 18 ans) seront classés en trois sections faisant corps avec celles du deuxième degré :

Section classique, lettres et classique sciences ;

Section moderne, lettres et moderne sciences ;

Section commerciale, agricole, industrielle.

Au quatrième degré, en vue des recherches de l'enseignement et de l'application de la science, les étudiants (au-dessus de 18 ans) se répartiront :

Dans les facultés ;

Dans les grandes écoles ;

Dans les grands établissements scientifiques.

Je n'oublie pas que je suis au Congrès des jurisconsultes et m'excuse de venir devant vous, Messieurs, gardiens du droit, mais aussi maîtres de la culture intellectuelle, je m'excuse de venir vous montrer qu'on veut mettre au même rang la formation classique, la formation moderne et la formation technique, et mes excuses sont d'autant plus nécessaires qu'en développant la philosophie de ce nouveau système d'enseignement je vais certainement heurter au passage quelques-uns de vos principes, quelques unes de vos traditions les plus chères. Messieurs, il faut voir clair pour prendre les mesures que comporte la situation.

Quelle est la ligne directive de ce plan ? — Nous la trouvons dans cet extrait de Franchet :

« Il fut un temps où le ministère de l'Instruction publique suffisait presque à sa destination. Mais notre époque où la concurrence internationale s'exaspère dans tous les domaines, exige une conception nouvelle du but et des moyens.

« Un fait domine cette conception : La France doit

subir les assauts des rivalités étrangères avec des forces humaines et matérielles décimées par la guerre : et à nulle nation plus qu'à la nôtre la nécessité ne s'impose aussi impérieuse de posséder des citoyens aptes à administrer le patrimoine social.

« Il suit de là que le pays doit rechercher la méthode économique et productive capable de préparer tous ses enfants à la tâche nationale déterminée par les circonstances actuelles, et de disposer chacun d'eux pour l'emploi où ses forces seront exactement utilisées.

« Comment, dans ces conditions, ne pas songer à une réforme d'ensemble et à l'institution d'une éducation nationale qui fournirait à l'activité sociale les « sujets » réclamés par ses quatre grandes manifestations :

« Agriculture ;

« Commerce,

« Industrie ;

« Carrières libérales. »

Ce n'est pas moi, Messieurs, c'est Franchet qui relègue au quatrième rang les carrières libérales, et il n'est pas seul de son avis :

« Il faut que la France produise, dit l'Université Nouvelle, nous ne connaissons plus d'autre rivalité que celle de l'action. Place aux nouvelles vérités, aux vérités pratiques, comme disait Jean Jaurès, aux vérités qui payent ! »

M. Labbé en tire la conclusion :

« Le vrai problème qui s'est posé à l'enseignement technique, celui qui en commande l'organisation, le progrès, les méthodes, c'est celui de la production.

« On nous reproche d'être utilitaires ! On a raison : notre philosophie, c'est celle de l'utile, ou plutôt nous pensons, avec la sagesse antique, qu'il faut d'abord vivre pour pouvoir philosopher. Nous croyons que la France, comme toutes les nations, a pour premier devoir d'assurer sa prospérité matérielle, d'être riche, de travailler, de créer intensément. Nulle part, je crois, ce principe n'aura paru plus clair que dans notre pays où le travail règne en maître et où l'on fait aux réalités économiques leur vraie place qui est la première.

« L'Université nouvelle subordonnera la culture à la profession : il faut donc se passionner pour cette éducation professionnelle si négligée jusqu'ici : notre but à nous, c'est la profession. « Tout pour la profession et par la profession, telle est notre devise !»

Et d'autres ont des prétentions bien plus étendues :

« Le culte des études désintéressées subit une crise inévitable du fait de la cherté de la vie, du fait de la cherté des études... Mais *c'est dans l'enseignement technique*, et dans l'élite de cet enseignement que les Instituts spéciaux et *les Facultés viendront puiser* ceux qui, demain, seront les pionniers de la France, dans le plan des sciences pures et appliquées.»

— C'est-à-dire, Messieurs, que l'enseignement technique ne sera plus seulement pièce intégrante et essentielle du système, mais qu'il imprimera sa tendance à toute la culture française.

Le but unique de l'éducation étant de créer de bons producteurs, on substituera à l'enseignement des humanités un enseignement purement scientifique et utilitaire pour favoriser la production et les intérêts matériels, ce que le *Quotidien* traduit énergiquement de la façon suivante :

« Il convient de tout subordonner au but... Le but, c'est le rétablissement français... Place aux travailleurs, aux producteurs, aux créateurs !»

Que se passera-t-il alors ? M. Edouard Berth nous l'apprend dans ses Etudes sur le devoir social :

« La mise au premier plan du travail expulsera tous les parasitismes, depuis les plus apparents et les plus grossiers jusqu'aux plus subtils et plus relevés : l'atelier surgira en pleine lumière et fera disparaître tout ce qui n'est pas fonction du travail productif ; toute la vie sociale rabattue sur le plan de la production deviendra, comme autrefois la guerre dans la cité antique, le ciment de la cité moderne : en un mot, nous assisterons à la création d'une civilisation nouvelle où, le travail ayant résorbé en lui toutes les puissances intellectuelles transcendantes au monde de la production, la vie recouvrera l'unité, la santé, l'équilibre. »

Proudhon, Messieurs, d'accord avec Marx, a toujours lui aussi conçu l'instruction comme soudée à l'atelier, au travail productif !

Nous voilà en plein socialisme et M. Nouelle tirera la conclusion de cette politique, exclusivement ordonnée à la production, en disant à la tribune de la Chambre le 1er décembre 1926 :

« Dans la société collectiviste, les hommes que nous appellerons à la possession, à la direction collective de l'outillage national, ne seront dignes du rôle qu'ils ont à jouer que s'ils sont en pleine possession de leur art... En travaillant pour l'enseignement technique, nous travaillons pour le socialisme lui-même, nous travaillons à l'affranchissement du monde du travail ! »

Le vue exprimé par Léon Blum dans ses commentaires sur le programme d'action du parti socialiste est la suite logique de cette conclusion :

« Que tout le travail humain soit ordonné comme une usine unique où la tâche particulière de chaque atelier, de chaque ouvrier, vient s'assembler dans un programme d'ensemble constamment revisé selon les ressources et les besoins. »

Ah ! Messieurs, c'est que l'individu ne doit plus être qu'un travailleur et un travailleur productif : c'est un rouage dans la société, n'ayant ni vie, ni fin propres, mais ayant un rôle à remplir en fonction de l'équilibre du corps social.

L'homme apparaît ainsi comme une des valeurs économiques les plus importantes, une richesse matérielle qui s'évalue en chiffres.

Préserver la race et valoriser l'individu se révèlent pour l'Etat, non seulement comme un devoir politique, moral et social, mais comme une des plus fructueuses opérations par lesquelles il puisse développer sa prospérité matérielle.

L'Etat doit donc au plus tôt décréter l'obligation au travail : comme nous avons eu la carte de pain et le carnet de coupons, nous aurons le carnet de travail analogue au livret militaire et, je n'invente rien, l'impôt sur la paresse, car, dit le *Quotidien*, la bataille contre la paresse doit être organisée avec la puissante stratégie du Gouvernement central dont le Grand Quartier Général sera au Ministère de l'Instruction Publique.

L'Etat doit également organiser scientifiquement la sélection méthodique des individus en vue de la répartition des fonctions sociales.

Ce but sera atteint, d'abord par la masse, par l'orientation professionnelle ; ensuite, par la répartition des élites suivant les besoins sociaux; de telle sorte que l'importance numérique des différents collèges sera déterminée peu à peu par l'importance des demandes en techniciens et M. Ziwés dans son projet sur l'Ecole Unique prévoit le pourcentage des demandes :

44,8 % pour les professions agricoles ;

36,5 % pour les professions industrielles ;

10,5 % pour les professions commerciales ;

8,2 % pour les professions libérales.

Méditez ces chiffres, Messieurs :

8 % des individus recevraient l'enseignement général ;

92 % reviendraient à l'enseignement technique.

N'est-ce pas, Messieurs, l'asservissement de l'homme à l'Economique, qui devient le but principal, unique, tandis que la doctrine traditionnelle, bien française celle-là, si elle estime la production utile et nécesaire, si elle veut la pousser comme elle le mérite, la doctrine traditionnelle, dis-je, ne considère la production que comme un fruit entre beaucoup d'autres.

Il va sans dire que de tels principes ont jusqu'ici rencontré peu de partisans : ils sont d'ailleurs mal connus parce que leurs auteurs sentent la nécessité de ne pas les divulguer brutalement et croient plus opportun de les laisser s'infiltrer un peu à la fois dans l'opinion. C'est qu'il y a un véritable bouleversement des idées à faire pour ruiner l'individualisme qu'on avait regardé comme la grande conquête de la révolution et le remplacer par la domestication de l'individu, telle qu'elle ressort des projets exposés ci-dessus.

Vouloir faire de l'enseignement technique une institution d'Etat est une véritable erreur : cet enseignement touche à un trop grand nombre de préoccupations techniques, psychologiques, économiques et sociales pour qu'il soit possible de le faire entrer de force dans le moule qu'on lui a préparé.

Un membre du Bureau International du Travail l'a écrit :

« Il semble que les grandes entreprises soient à même, mieux que les offices d'orientation, de procéder dans leurs propres laboratoires, ou de faire procéder dans les laboratoires des instituts de recherches à des examens appronfondis : dans les offices d'orientation on se borne fréquemment à un interrogatoire et à quelques épreuves sommaires. »

Les maîtres, les directeurs d'écoles d'Etat ne le disent-ils pas eux-mêmes :

« Nous passons le meilleur de notre temps à faire des rapports et ces rapports mettent si longtemps à suivre la filière que, si nous demandons un perfectionnement, l'autorisation nous arrive quand ce perfectionnement est démodé. »

Les industriels boudent à cette nouvelle entreprise d'Etat ; instinctivement, ils savent bien qu'aucun monopole n'a jamais été satisfaisant: ils ont créé, ils créeront encore des cours, des écoles. Alors on leur dira brutalement, là où le masque a été levé : « Payez vos écoles si vous voulez, mais payez d'abord les écoles d'Etat » ou plus souvent on essayera de les circonvenir en leur offrant quelques places (en très petit nombre d'ailleurs), dans les comités et conseils de l'enseignement technique.

Ainsi au Conseil supérieur de l'enseignement technique, nous trouvons 15 représentants du patronat sur 123 membres. La commission permanente de ce conseil, outre 2 vice-présidents et 30 membres de ce conseil, comprend 16 membres qui sont élus au scrutin secret ; ce mode d'élection est dangereux, aussi sur les 16 membres, il ne pourra y avoir qu'un seul représentant des Chambres de Commerce !

En vue de répandre les nouvelles conceptions, il existe une Association française pour le développement de l'Enseignement technique présidée par M. Dron, sénateur. Son siège est à Paris, mais elle vise à créer des succursales en province, pour devenir avec ses filiales, une véritable fédération. Son bulletin, la *Formation professionnelle*, devient l'organe quasi officiel de la direction de l'enseignement technique et publie soit des questions générales, soit des documents officiels concernant l'enseignement technique.

Enfin, pour éviter la concurrence des écoles privées, M. Naegelin nous a appris tout récemment au Congrès de la ligue de l'enseignement à Strasbourg que « si l'enseignement privé s'organise à côté de l'enseignement d'Etat, il devra avoir les mêmes programmes, la même valeur, les mêmes méthodes et des maîtres ayant des titres égaux à ceux de l'Etat.»

Il faudra se rendre compte si l'enseignement privé se soumet à toutes ses exigences, et, pour cela, il sera minutieusement contrôlé.

D'ailleurs, si des industriels persistent à envoyer leurs apprentis à des écoles privées, il leur en coûtera cher. Une proposition de loi a été déposée sur le bureau de la Chambre, le 9 juin 1927, dont l'article 2 est ainsi conçu :

« L'apprenti, dont le temps d'apprentissage est terminé, passe un examen devant une commission désignée par la commission locale professionnelle ou à son défaut par le Comité départemental de l'Enseignement technique.»

Quand les apprentis n'obtiendront pas ce certificat d'aptitude professionnelle, on dira que l'apprentissage n'est pas complet et les industriels se verront refuser les exonérations à la taxe d'apprentissage.

Je sens, Messieurs, que vous croyez à l'exagération : j'oublie, n'est-il pas vrai, le premier mot de la devise gravée sur tous les monuments publics : « Liberté ».

Je laisse donc à une autorité officielle, M. Luc, sous-directeur de l'Enseignement technique, le soin de nous départager :

« Décidez avec moi, a-t-il dit, il y a deux mois, à Strasbourg : liberté ou obligation. Je suis de ceux qui rendent à l'initiative privée l'hommage qui lui est dû : autrement, je commettrais un acte d'ingratitude au moment où nous sommes prêts d'abandonner la liberté.

« Je condamne la liberté, parce que je crois que l'Etat a le devoir de prendre en mains l'enseignement post-scolaire.»

L'Etat, c'est-à-dire, Messieurs, la franc-maçonnerie ! Lisez les vœux adoptés au grand convent de 1924 :

« Que l'enfant soit assujetti de 12 à 14 ans à suivre des cours de préapprentissage.

« Que l'enfant soit soumis de la part de ses maîtres et de spécialistes à un examen psycho-physiologique professionnel ;

« Que l'apprentissage frappe de la même obligation ausi bien patron qu'apprenti ;

« Qu'à cet effet, soient organisées des écoles d'apprentissage pour compléter par une instruction théorique l'éducation profésionneslle reçue chez le patron ;

« Qu'à l'issue de l'apprentissage l'adolescent reçoive un certificat d'aptitudes professionnelles ;

« Qu'en vue de procurer les crédits nécessaires pour l'établissement des dites écoles, soit créée une caisse spéciale de l'apprentissage alimentée par des taxes perçues en majeure partie sur le commerce et l'industrie. »

Les décisions des Loges ont-elles été fidèlement exécutées par le Gouvernement ? Je vous en laisse juges ainsi que des conséquences.

Il s'est trouvé, Messieurs, en 1850, un Montalembert pour arracher la liberté de l'enseignement : on veut aujourd'hui saper cette liberté en supprimant, pour commencer, la liberté de l'enseignement technique. Se trouvera-t-il une « énergie » pour s'opposer comme il convient, pendant qu'il est encore temps, à cette mauvaise action ?

Dieu le veuille, c'est le souhait que je forme comme conclusion de ce rapport, en vous remerciant de la sympathique attention que vous avez bien voulu m'accorder.

André BOUTRY.

LA TAXE D'APPRENTISSAGE [1]

L'article 25 de la loi de finances du 13 juillet 1925 a institué « une taxe d'apprentissage » frappant « toute « personne exerçant une profession industrielle ou « commerciale, ou se livrant à l'exploitation minière, « ou concessionnaire d'un service public », à l'exception de celles qui sont exonérées de l'impôt sur les bénéfices industriels et commerciaux par l'article 10 de la loi de finances du 30 juin 1923 et de celles qui ne payent pas annuellement plus de 10.000 fr. de salaires en espèces. La taxe dont le taux doit être fixé annuellement par la loi de finances, a pour base « le montant total des appointements, salaires, rétributions quelconques, payés pendant l'année précédente par le chef d'entreprise ». Ce taux est actuellement de 20 centimes pour cent.

L'objet de la taxe d'apprentissage défini par la loi elle-même est de contribuer « aux dépenses nécessaires au développement de l'enseignement technique et de l'apprentissage ainsi qu'à celles des laboratoires scientifiques. »

« Le produit de cette taxe est affecté à l'extension « des écoles de métiers, des écoles pratiques de com- « merce et d'industrie, des écoles professionnelles « nationales, des cours professionnels ou de toutes « autres œuvres ayant pour objet la rénovation de « l'apprentissage ou la préparation des enfants à une « profession commerciale ou industrielle, ainsi qu'au « fonctionnement ou au développement des labora- « toires de sciences pures et appliquées.

---

(1) Rapport au XLIVe Congrès des Jurisconsultes catholiques.

« Sont notamment comprises dans les dépenses ci-
« dessus les bourses d'apprentissage et l'allocation
« de primes aux petits employeurs qui forment des
« apprentis ».

Ainsi, telle qu'elle a été présentée aux Chambres et
votée par elles, la taxe d'apprentissage a un but précis :
c'est de subvenir au développement de l'enseignement
technique et de l'apprentissage pour la formation d'ouvriers qualifiés, c'est-à-dire pour reprendre les termes
de la loi du 22 février 1851 sur le contrat d'apprentissage devenu le titre 1er du livre premier du Code du
Travail, possédant une connaissance complète d'un
art, d'un métier ou d'une profession spéciale sans
oublier celle de ce qu'on nomme aujourd'hui couram-
ment les « cadres supérieurs » de l'industrie ou du
commerce, c'est-à-dire les techniciens que forment les
laboratoires. C'est ainsi que la présentait par exemple
au Sénat son rapporteur, M. Louis Serre, à la séance
du 9 juillet, lorsqu'il disait : « J'ai essayé d'apporter
« un texte en obéissant à trois idées directrices que
« vous me permettrez de vous exposer. Tout d'abord,
« je reste convaincu plus que personne, surtout par
« expérience, que la main-d'œuvre qualifiée manque
« en France et qu'il faut à tout prix développer l'ap-
« prentissage. Je pense ensuite qu'il y a une diffé-
« rence injuste entre le sort de ceux que je considère
« comme les bons patrons — ceux qui font des
« apprentis — et les autres, ceux qui profitent de ces
« apprentis, mais qui n'en font pas. Je désire enfin
« que ces problèmes soient résolus en ne demandant
« aux intéressés que le strict nécessaire. » M. Serre
rappelait ensuite qu'ainsi compris, la taxe d'apprentissage n'était pas une nouveauté. « Elle a été
« réclamée, disait-il, dans une série de congrès. Elle a
« été demandée même à la Chambre de Commerce de
« Paris par un de ses membres les plus influents, dans

« un rapport du 20 novembre 1924, dont la conclusion
« disait admis le principe d'une contribution obliga-
« toire en faveur de l'apprentissage à la demande de
« tous les employeurs de la main-d'œuvre sans ex-
« ception ».

L'affectation particulière du produit de la taxe aux
seuls besoins de l'enseignement professionnel ressor-
tait encore de déclarations faites à la Chambre, le
1ᵉʳ juillet, par le sous-secrétaire d'Etat de l'Enseignement technique, M. de Moro-Giafferi, en réponse aux
craintes exprimées par certains députés de voir la taxe
servir à couvrir des frais étrangers à l'apprentissage.
« Il est bien entendu, disait-il, — je crois être d'accord
sur ce point avec M. le Ministre des Finances, — que
l'origine de cette taxe étant spéciale, c'est au budget
de l'apprentissage et de l'enseignement technique que
son produit devra servir selon l'esprit du texte voté par
la Chambre et le Sénat. »

Le vote acquis, les mêmes affirmations se retrouvent
dans un document particulièrement important, l'exposé
des motifs du règlement d'administration publique du
9 janvier 1926 fixant les conditions d'application de
l'article 25 de la loi du 13 juillet 1925, sous la signa-
ture de MM. Daladier, ministre de l'Instruction Publique et Doumer, ministre des Finances. Au sujet des
pouvoirs conférés aux Comités départementaux de
l'Enseignement technique, les deux ministres expliquent
que « le législateur a tenu à montrer le caractère spé-
« cial de cette contribution, *dont le produit doit servir*
« *exclusivement à des dépenses en faveur de l'enseigne-*
« *ment technique et de l'apprentissage,* ainsi qu'au dé-
« veloppement des laboratoires scientifiques. »

Rien de plus formel que de semblables déclarations, et l'on ne peut même pas dire que c'était là
paroles en l'air ou vaines promesses. Elles avaient en
effet leur application pratique et tangible dans la loi

elle-même, grâce à l'admission du principe des exonérations qui en était la conséquence logique. Effectivement, si la taxe n'a d'autre but, pour reprendre les
idées directrices émises par M. Louis Serre, que d'assurer, à l'aide des sacrifices strictement nécessaires,
l'amélioration de la formation professionnelle des
futurs ouvriers, employés ou techniciens, tout en pro-
tégeant, par une égale répartition des charges, les
patrons qui forment des apprentis contre ceux qui,
n'en formant pas, viennent prendre des ouvriers édu-
qués par des voisins, des industriels et commerçants,
qui soit isolément, soit groupés dans leurs organisations professionnelles, réalisent déjà cet objet, doivent
en être exonérés dans toute la mesure où ils rem-
plissent le vœu de la loi.

Il tombe sous le sens, en effet, que sans cela leur
effort se retournerait contre eux, puisqu'ils auraient à
faire des sacrifices que leurs concurrents, moins zélés,
ne s'imposeraient pas et qu'ils se verraient sans doute
bien vite obligés d'abandonner ou de restreindre les
œuvres dues à leur initiative personnelle.

L'enseignement professionnel, l'apprentissage sont
pourtant essentiellement l'affaire de la profession elle-
même et non celle de l'Etat. Pour la plupart des
métiers et des jeunes gens, c'est à l'atelier qu'ils
doivent être donnés, au moins principalement, donc sur
l'initiative et sous la haute direction du patron et s'ils
ont besoin d'être complétés par des écoles ou des
cours, c'est bien encore la profession qui sera le mieux
qualifiée pour ouvrir ces centres d'instruction, leur
fournir des maîtres et en contrôler l'enseignement,
puisque c'est elle en définitive qui profitera ou pâtira
le plus directement de ses résultats. Que l'Etat suscite
ou encourage les initiatives ; qu'en certains cas de
carence absolue ou de difficultés trop grandes, il
supplée à leur impuissance au moins momentanément,

on ne saurait y contredire : ce sera précisément là l'emploi tout trouvé de la portion de la taxe qui n'aura pas eu sa contre-partie dans les sacrifices déjà consentis par ses redevables ; mais la vérité sur la matière nous semble avoir été dite par M. de Moro-Giafferi lui-même, au cours de la première discussion de l'article 25 devant la Chambre, quand il disait : « Je ne demande qu'à disparaître. Je souhaite que l'apprentissage soit organisé en France de telle manière que mon effort devienne superflu. »

C'est sous l'influence de ces idées incontestablement logiques que le texte voté par les Chambres s'est inspiré, comme le dit l'exposé des motifs du règlement d'administration publique du 9 janvier 1926, du « souci d'exonérer les assujettis qui auraient déjà « consenti à assumer les charges d'œuvres d'enseigne- « ment technique et d'apprentissage. » Il prévoit que des exonérations partielles ou totales pourront être accordées aux assujettis « en considération des dispo- « sitions prises par eux en vue de favoriser l'enseigne- « ment technique et l'apprentissage, soit directement, « soit par l'intermédiaire des Chambres syndicales, « des Chambres de Commerce ou de toutes associa- « tions consacrant une partie de leurs ressources à ce « but. » Il répartit en cinq catégories les dépenses effectuées par les redevables susceptibles de compter pour ces exonérations, à savoir :

1° les frais des cours professionnels et techniques de degrés divers ;

2° les salaires des techniciens qui sont chargés, à l'exclusion de tout autre travail, de la formation et de la direction des apprentis isolés ou en groupe dans la limite maximum d'un technicien pour dix apprentis ;

3° les salaires payés aux apprentis :

a) pendant les dix premiers mois de l'apprentissage,

lorsqu'ils sont soumis à un programme d'apprentissage méthodique ;

b) pour les heures de présence aux cours professionnels ;

4° les subventions aux écoles, bourses ou allocations d'études ;

5° les frais des œuvres complémentaires de l'enseignement technique et de l'apprentissage.

Cette énumération permet de se rendre compte du vaste champ d'action ouvert à l'initiative privée si le texte de la loi est respecté. Pour que les promoteurs de la taxe d'apprentissage aient jugé nécessaire, même avec la Chambre du Cartel, de la présenter dans un pareil texte, il fallait que la nécessité de promettre le respect des institutions dues à cette initiative fût grande. Ce texte allait cependant devenir rapidement l'occasion de ce qu'on a pu appeler « la bataille autour de l'enseignement professionnel ».

Cette bataille s'est livrée un peu partout en France, mais nulle part elle n'a présenté l'ampleur et l'acuité qu'elle a revêtues dans le département où nous nous trouvons, soit par la violence de l'attaque, soit par l'énergie et la continuité de la riposte. Ce seront donc les événements du Nord qui nous permettront, si vous le voulez bien, d'étudier cette bataille et d'en montrer les idées dominantes.

Les exonérations dont nous venons de parler sont accordées suivant une procédure particulière dont le principe a été posé par la loi et les détails réglés par le décret du 9 janvier 1926. Les comités départementaux de l'enseignement technique sont chargés de les fixer en premier ressort ; appel de leurs décisions peut être interjeté soit par l'assujetti, soit par le Préfet devant la Commission permanente du Conseil supérieur de l'enseignement technique siégeant à Paris. C'est au

Comité départemental du Nord que s'est produit, dès la mise en application de la loi, l'incident qui allait mettre en lumière les intentions et les arrière-pensées de certain milieu.

La taxe instituée le 13 juillet 1925 était due dès la même année sur la base des salaires payés par les assujettis en 1924. Le Comité départemental se réunit le 31 mars 1926 à l'effet d'établir, conformément aux dispositions du chapitre III du décret du 9 janvier 1926 les états matriciels pour l'imposition de 1925 et se saisit des demandes d'exonération formées par les industriels et commerçants. Les deux principaux chefs invoqués dans ces demandes étaient, d'une part, les dépenses effectuées pour l'apprentissage à l'atelier, salaires des techniciens et salaires des apprentis ; d'autre part, les subventions accordées par les industriels soit individuellement, soit mieux encore par l'intermédiaire des Chambres de Commerce et des groupements syndicaux tant aux écoles publiques qu'aux nombreuses et florissantes écoles professionnelles en tête desquelles figure l'Institut Catholique des Arts et Métiers de Lille : école de la rue des Meuniers, à Lille ; écoles de Roubaix, de Tourcoing, d'Armentières, de Dunkerque, d'Hazebrouck. L'enseignement ménager, considéré comme œuvre complémentaire de l'enseignement technique, donnait lieu également à un nombre important de demandes. Dès la première séance, le Comité départemental manifestait son hostilité aux exonérations en refusant en bloc de prendre en considération toutes les demandes quelles qu'elles fussent. L'émotion suscitée par cette décision prise d'ailleurs à deux voix de majorité seulement, fut telle qu'il parut impossible d'y persister. Le Préfet du Nord considéra que ce vote équivalait seulement à une contestation du bien-fondé des demandes d'exonération prévue par l'art. 12 du décret du 9 janvier 1926 et convoqua les intéressés pour faire entendre leurs observations au Comité ainsi que le prévoit le même texte. Les auditions ayant eu lieu devant des sous-commissions, le Comité se réunit de nouveau pour statuer le 26 avril 1926. A cette séance, il fit droit aux demandes d'exonération formées par les assujettis qui subventionnaient les écoles publiques et rejeta successivement toutes les demandes formées au titre des subventions aux écoles privées. L'enseignement ménager partageait cet ostracisme, de même d'ailleurs que l'apprentissage à l'atelier dans toute l'industrie textile. Deux paroles prononcées au cours de la discussion très vive qui précéda ces décisions caractérisent l'état d'esprit des meneurs de cette affaire. Au sujet de l'école de Tourcoing, M. le sénateur Dron, maire de cette ville, parlait de « ce qu'il peut y avoir de *nocif* dans l'enseignement que vous donnez. » Au sujet des cours de la rue des Meuniers, à Lille, M. Valdelièvre ayant demandé ce qu'on lui reprochait, un membre du Comité répondait : « Faire *double emploi* avec ceux du boulevard Louis XIV », c'est-à-dire avec des cours publics.

Tel a été effectivement l'état d'esprit en présence duquel se sont trouvés à partir de ce moment les défenseurs des droits de l'enseignement professionnel privé. Chez certains de ses adversaires, le sectarisme pur et simple s'attaquant ouvertement au caractère catholique des principes qui en inspirent la direction ; chez les autres, une théorie d'apparence seulement pratique, celle du double emploi, considérant que l'établissement privé perd toute raison d'être dès lors qu'un établissement public existe ou se constitue dans la même localité et qu'on doit dès lors refuser toute exonération à ceux qui le soutiennent.

Ce principe est contraire au texte comme à l'esprit de la loi que nous avons dégagé précédemment. Nulle distinction n'est faite par l'article 25 entre les diverses écoles, ou les divers cours professionnels. Bien mieux, le décret du 9 janvier 1926 prévoit expressément comme donnant lieu à exonération « les subventions en « espèces ou en nature aux écoles techniques publiques « ou reconnues par l'Etat ou aux écoles dont l'ensei- « ment aura été reconnu suffisant par l'inspection « générale après consultation, s'il y a lieu, de l'admi- « nistration publique plus spécialement intéressée « les bourses et allocations d'études dans les dites « écoles... » (Art. 2 du décret). Donc, une école même non reconnue donne droit à l'exonération à une seule condition : le caractère suffisant de son ensei-. gnement. Il en est de même pour les cours profession- nels (art. 2, a). Ajouter une autre condition est illé- gal. Cependant le principe du « double emploi » nous a poursuivis pendant toute la discussion devant la Commission permanente du Conseil supérieur de l'En- seignement technique à laquelle les intéressés ont déféré les décisions arbitraires du Comité départe- mental.

Le 25 juin 1926, la Commission permanente se réu- nissait pour statuer sur deux dossiers pris comme affaire-type, l'un à Roubaix et l'autre à Tourcoing, et après avoir entendu la défense des industriels et des écoles, elle rendait une décision interlocutoire qui constituait une première satisfaction pour la liberté de l'enseignement professionnel.

« Considérant, disait cette décision, que tous les chefs d'exonération invoqués rentrent bien dans les cas prévus par la loi ;

« Considérant qu'une enquête est nécessaire pour contrôler la matérialité des faits allégués ».

La Commission permanente désignait en consé- quence une sous-commission d'enquête chargée de se transporter dans les établissements en cause, notam- ment dans les deux écoles de Roubaix et de Tourcoing, pour vérifier sur place l'emploi des fonds versés par les industriels ; par la suite, sa mission fut étendue à d'autres écoles, celles de la rue des Meuniers de l'I. C. A. M., l'école de Dunkerque, les cours professionnels de Fives-Lille, les organisations d'enseignement ménager à Roubaix-Tourcoing.

Bien que le principe posé par l'interlocutoire du 25 juin 1926 fût acquis et qu'en conséquence les dépenses pour l'enseignement privé fussent d'ores et déjà reconnues en principe et sous la seule réserve de justifications de nature à justifier l'exonération, nous devions voir encore se manifester avant la décision définitive l'état d'esprit dont avait procédé la décision du Comité départemental.

Après avoir visité les écoles privées et certaines écoles publiques concurrentes, la sous-commission crut pouvoir proposer de régler les exonérations d'après un barème où la valeur des établissements publics étant représentée par cent, les institutions privées obtenaient des pourcentages qui ne dépassaient pas 50 pour l'I.C.A.M. et s'échelonnaient de 40 à 10 pour cent pour les autres écoles ; seul, l'enseignement ménager se voyait favorisé de 80. Cette comparaison était inadmissible : elle tendait à créer au profit des subventions aux écoles publiques un avantage non conforme aux dispositions de la loi et du décret, qui ne font aucune distinction entre les établissements dès lors que l'enseignement y est reconnu suffisant.

Mais la théorie du double emploi elle-même allait, en dépit de la décision du 25 juin, se manifester de nouveau dans un rapport de M. Dupin, alors directeur de l'Ecole Colbert, de Tourcoing, école publique, que ses fonctions d'inspecteur de l'Enseignement technique avaient fait charger d'un complément d'enquête dans les écoles privées, cependant concurrentes de la sienne, de Roubaix et de Tourcoing. Ce rapport, déposé à la veille de la réunion définitive de la Commission permanente du 8 décembre 1926, contenait une véritable diatribe contre la présence de nos écoles, dans des villes où existait un enseignement public. Dramatique, M. Dupin montrait cette existence portant la dispute dans les familles, le père étant partisan d'une école et la mère d'une autre. Il accusait cette dualité de nuire à la diffusion de l'enseignement professionnel, au lieu d'y aider, parce qu'elle rendrait impossible le contrôle de la fréquentation des cours professionnels. Il reprochait enfin aux écoles libres, de troubler la conscience de l'enfant, par des problèmes importuns, à l'âge où il cherche plein de confiance et d'ardeur, à acquérir l'instruction nécessaire à sa vie professionnelle. Dans le même temps, un professeur du Conservatoire national des Arts et Métiers, consulté par la Commission permanente, sur la demande d'exonération d'une maison d'Armentières, écrivait : « Si les cours de l'Ecole nationale professionnelle sont réorganisés, il semble que ces cours seuls devraient être *tolérés*, pour répondre aux besoins de l'industrie locale... L'école professionnelle seule permettra à tous, sans distinction d'origine ou de parti, de faire l'éducation des apprentis dans le sens voulu par la loi ».

Ces manifestations nécessitaient une réponse ferme qui clôturerait un débat si prompt à renaître. Des conclusions par « dire et juger » déposées sur le bureau de la Commission permanente, amenèrent, dans les décisions du 10 décembre 1926, la condamnation de la théorie du « double emploi », en ces termes très nets : « Considérant que le principe du double emploi n'est pas retenu ». C'était enfin la victoire de l'enseignement libre, sur le terrain des principes. En fait, la Commission Permanente se refusait à aller jusqu'à l'exonération totale, c'est-à-dire égale à la somme versée par l'intéressé, et elle fixait des chiffres motivés seulement par ces considérants assez vagues, que « compte tenu de tous les éléments de fait et notamment de l'enseignement donné à l'Ecole » subventionnée par le contribuable, celui-ci « n'est pas fondé à demander l'exonération totale, mais qu'il peut obtenir une exonération partielle, qu'il est fait exacte appréciation de son effort, en fixant l'exonération à la somme indiquée dans la présente décision ». En un mot, l'Etat ou ceux qui parlent en son nom en la circonstance, entendent ne pas exonérer purement et simplement le redevable, d'une somme égale à celle qu'il consacre aux œuvres privées ; il faut qu'ils réalisent sur lui un bénéfice au profit du budget alimenté par la taxe.

⁂

Nous avons tenu à insister sur cette « bataille du Nord » tout d'abord, parce qu'en définitive, quelles que soient les réserves à faire sur cette dernière question du montant des exonérations, elle se termine par un incontestable succès, pour l'enseignement professionnel libre auquel se sont voués tant des nôtres, bien avant ses adversaires d'aujourd'hui, et elle démontre quels résultats on peut obtenir, même devant une juridiction où siègeaient de nombreux éléments peu favorables, lorsqu'on mène résolument le combat, comme l'ont fait en la circonstance, les groupements industriels du Nord auxquels doit aller la reconnaissance de tous les amis de la liberté d'enseignement et de l'initiative privée.

Mais cette étude nous paraît avoir un autre intérêt. Elle est révélatrice à notre avis de l'état d'esprit et des desseins qui ne se sont pas manifestés ouvertement lors du vote de la loi, mais qui attendaient que ce vote fût acquis pour se découvrir. La lutte est immédiatement dirigée contre l'enseignement libre. Elle est menée par des personnalités qui participent de très près à la direction de l'enseignement technique : hommes politiques spécialisés depuis longtemps dans l'étude des questions d'enseignement technique et directeurs d'écoles publiques. Exploitant les méfiances et l'esprit socialiste de la majeure partie des délégués ouvriers au sein des Comités, ils réussissent à grouper une majorité, pour ratifier leurs propositions tendant à son exclusion du bénéfice des exonérations ; mais ce sont eux les véritables inspirateurs de la lutte, au nom d'une doctrine qui tend nettement au monopole et cette doctrine n'est pas celle de personnalités isolées ou d'un petit groupe. Dès le 15 janvier 1926, en dépit de l'esprit et du texte du décret du 9 du même mois qui n'autorisaient ni de près, ni de loin une distinction quelconque entre les divers établissements publics ou privés donnant l'enseignement technique, cette doctrine s'affirmait dans une circulaire adressée aux Préfets par le Sous-Secrétaire d'Etat, M. Paul Bénazet, en personne. « L'exonération, y était-il dit, constitue une dérogation, une exception qui suivant la règle de droit, devra être interprétée restrictivement », et après avoir ainsi préparé l'esprit du lecteur, la circulaire ajoutait : « Par ailleurs, vous aurez à vérifier si les œuvres invoquées ne font pas *double emploi* avec des établissements déjà existants, si, par exemple, des cours ont été créés alors qu'il existait déjà des cours publics obligatoires, institués en application de la loi du 25 juillet 1919, ou encore si, dans une même localité, l'Ecole professionnelle dont les frais motivent la demande d'exonération, fonctionne concurremment avec l'école publique. La taxe d'apprentissage, qui est un appel à la solidarité, ne doit pas servir, en encourageant les doubles emplois, à rendre plus coûteuse l'organisation de notre enseignement professionnel... En aucun cas, elle ne pourra permettre l'éclosion d'œuvres faisant double emploi, avec des institutions déjà existantes ». Nous sommes loin, on le voit, du vœu de M. de Moro-Giafferi, au cours de la discussion, ne demandant qu'à disparaître devant les réalisations de l'initiative privée ; mais ceci ne fait que donner plus d'importance à la renonciation expresse, par la Commission permanente, au principe du double emploi. Toutefois, pour être vaincu sur ce terrain, l'esprit dont procédait la circulaire du 15 janvier 1926, inspiratrice évidente des décisions du Comité départemental du Nord et des autres, qui ont statué dans le même sens — car il s'en est trouvé, — n'est pas mort et il cherche d'autres moyens de réduire les exonérations, pour décourager les initiatives privées et augmenter les recettes mises à la disposition de l'Etat. Au Comité du Nord, on a parlé déjà, pour l'établissement de la taxe de 1926, d'un barême où seraient appliqués des taux d'exonération différents suivant que les subventions des assujettis iraient aux écoles publiques ou aux écoles privées. D'autre part, les initiatives prises par les industriels, pour l'organisation de l'apprentissage à l'atelier, sont également discutées et contestées. Nous avons déjà dit que toute l'industrie textile s'est vu refuser complètement les exonérations demandées à ce titre et la Commission permanente a ratifié sur ce point la plupart des décisions des Comités départementaux, ne faisant d'exception que pour quelques maisons où l'organisation de cet apprentissage avait donné lieu à un effort très au-dessus de la moyenne. Les autres se sont entendu dire qu'ils ne formaient que des « manœuvres spécialisés », et non de véritables apprentis, sous prétexte que l'apprentissage ne serait pas chez eux méthodique et complet, comme l'exige le décret du 9 janvier 1926, pour donner lieu aux exonérations. Comme nous l'écrivait cependant un industriel : « Nous estimons injurieux, d'appeler manœuvre spécialisé, un ouvrier qui est arrivé au poste de fileur ; cet homme qui a travaillé en général 7 ans, pour connaître à fond son métier, a la responsabilité de 2.000 broches, dont la conduite est compliquée, si l'on veut faire du bon travail : il a trois personnes à diriger et à instruire et il a d'ailleurs toujours été considéré par les ouvriers en général, comme arrivé au poste qui couronne sa carrière et lui donne une certaine influence, ce qui prouve que l'apprentissage a été complet ». Mais ces considérations sont demeurées inopérantes. Une circulaire de M. Herriot, devenu le chef direct de l'enseignement technique, depuis la suppression du Sous-Secrétariat, donne de l'apprentissage méthodique et complet, une définition qui tend, elle aussi, à une mainmise étendue de l'Etat sur l'apprentissage aussi bien que sur l'enseignement technique proprement dit.

L'apprentissage, d'après cette définition, doit se faire naturellement à l'atelier ; mais ce n'est là que le premier stade. « L'atelier, dit M. Herriot, doit être complété par le cours professionnel où l'apprenti trouvera la raison des travaux auxquels il s'est exercé d'une façon plus ou moins automatique. Aucune profession ne peut se passer de cours professionnels, aucune ne peut être pratiquée à l'aveugle, sans danger pour l'ouvrier » ; mais ce cours professionnel ne se limitera pas à la connaissance du métier : « l'ouvrier reste et doit rester un citoyen et un homme. La culture professionnelle doit être aussi une culture physique et une culture humaine. C'est un devoir social de l'étendre jusqu'à ces limites. C'est un danger social de ne voir dans la main-d'œuvre qu'un instrument de travail et d'oublier que les ouvriers ont un esprit et un cœur ».

Nous touchons ici au fond même du débat, que ne soupçonnaient guère les législateurs quand ils votaient le modeste article 25 de la loi du 13 juillet 1925. Certains des principes posés dans cette circulaire par M. Herriot sont justes en grande partie. Les catholiques spécialement n'oublient pas que les ouvriers ont un esprit et un cœur : c'est pour cela que dans les écoles du

Nord se trouvent ces prêtres à l'enseignement nocif, dont parle M. Dron ; mais est-ce que cette culture « humaine » de l'esprit et du cœur fait bien réellement partie de la culture professionnelle, telle que la doivent donner des cours complémentaires de l'apprentissage ? Elle peut et doit être donnée à côté, dans la famille, au patronage, au cercle d'études, à l'église ; mais de quel droit, en vertu de quel principe venir l'annexer à l'apprentissage ?

C'est que pour être méthodique et complet, l'apprentissage doit encore, suivant M. Herriot, être sanctionné par l'obtention du certificat d'aptitude professionnelle, délivré par l'Etat et dès lors le plan d'ensemble peut maintenant être saisi dans toute son étendue. L'industriel, le commerçant qui font des sacrifices pour l'apprentissage n'en verraient tenir compte que s'ils dirigeaient leurs apprentis sur les cours professionnels et les présentaient au certificat d'aptitude professionnelle ; si les cours professionnels publics bénéficiaient seuls de l'exonération et si d'ailleurs l'obtention du certificat de fin d'études dépendait d'un jury d'Etat, ce serait tout naturellement vers les cours publics que serait dirigée l'immense majorité des apprentis. Dans ces cours, à la partie professionnelle proprement dite serait lié cet enseignement postscolaire appelé à former l'esprit et le cœur du jeune ouvrier qui trouve peu d'amateurs aujourd'hui, mais qui bénéficierait alors de l'obligation édictée par l'art. 38 de la loi du 25 juillet 1919, sur l'enseignement technique, et ainsi, grâce à la taxe d'apprentissage qui servirait la fois à alimenter la caisse, au besoin par une augmentation de son taux, puisque celui-ci est fixé annuellement, et à exercer une pression sur les redevables, se trouverait réalisé cet enseignement à la fois professionnel et élémentairement général qui constitue l'une des branches de l'école unique. Il ne faudrait pas ensuite beaucoup d'efforts pour, au moyen d'une augmentation supplémentaire, faire payer la réalisation complète de celle-ci, au moyen de la même taxe et résoudre ainsi le redoutable problème financier, qui fait encore hésiter ses partisans.

Ce ne sont pas là simples déductions plus ou moins hasardées. Nous venons de voir qu'elles découlent de textes et d'attitudes. Bien plus, certaines affectations du produit de la taxe d'apprentissage ont déjà été relevées qui prouvent que la réalisation du plan est commencée. Elles ont été résumées et visées dans une délibération en date du 16 mars 1927 de l'Assemblée des Présidents des Chambres de Commerce, réunion dont on ne peut mettre en doute l'autorité et la pondération.

« Considérant, dit cette délibération, que la Direction de l'Enseignement Technique a une tendance toujours plus marquée à appliquer, dans certaines régions du moins, une partie importante du produit de la taxe à des cours postscolaires ou périscolaires, même à des collèges et écoles primaires supérieures, où serait donné l'enseignement professionnel, ainsi qu'à des constructions d'écoles spéciales, destinées surtout à former des artisans, que dès lors, cette taxe n'est pas adaptée au but qu'elle devrait avant tout poursuivre : former une main-d'œuvre qualifiée pour l'industrie ; qu'ainsi elle ne sera point affectée, de même d'ailleurs que les autres taxes mises à la charge du commerce, au but spécial pour lequel elle a été créée ;

« Que si l'Etat entend développer les cours et les établissements d'enseignement technique, il doit demander au budget général, et non pas à une taxe spéciale, les ressources nécessaires à cette extension ;

« L'Assemblée des Présidents des Chambres de Commerce,

« Tout en regrettant, une fois de plus, les charges

nouvelles que la taxe d'apprentissage impose au commerce et à l'industrie ;

« Rappelle ses délibérations des 5 octobre 1925, 23 février et 15 novembre 1926 ;

— « Demande instamment, dans l'application de la taxe d'apprentissage, une interprétation administrative plus conforme à l'esprit de la loi ;

« Proteste contre une tendance, de plus en plus marquée, à ne consacrer qu'une partie du produit de cette taxe au but pour lequel elle a été créée ;

« Et réclame — avec la stricte observation de l'emploi que le législateur a entendu lui donner — une diminution proportionnelle du taux de la taxe, lorsque les ressources qu'elle produit auront dépassé les besoins du service en vue duquel elle a été instituée ».

Cette protestation si autorisée, mesurée et précise dans sa fermeté, a incontestablement porté. Dans une longue réponse adressée au Président de l'Assemblée, M. Herriot a tenu à s'expliquer personnellement. Cette lettre contient un appel pressant au concours des Chambres de commerce, une promesse de respect de l'initiative privée, l'Administration étant « toujours prête à « accueillir tous les concours, à encourager tous les ef- « forts ». Et, faisant allusion à des propositions déjà formulées, même par des industriels et des commerçants, en faveur de la suppression des exonérations, M. Herriot déclare que cette suppression « porterait tort au « vrai caractère de la taxe d'apprentissage, dont le but « à mes yeux, dit-il, est moins fiscal que moral, et que « le Parlement a adoptée surtout afin de venir en aide « à ceux qui font réellement des efforts, en vue de l'ap- « prentissage. Je suis donc décidé, ajoute-t-il, à main- « tenir le principe des exonérations ». Et il termine en affirmant que « ce sera par l'association des ini- « tiatives privées et de l'Etat que l'enseignement tech- « nique et l'apprentissage, pourront être organisés dans

« notre pays ». Une fois de plus, la résistance nettement
affirmée a obligé à des déclarations conciliantes ; toutefois, du point de vue auquel nous nous plaçons dans
ce Congrès, nous devons retenir que dans le corps de la
même lettre, M. Herriot, s'expliquant sur l'affectation,
d'une partie du produit de la taxe soit à des collèges ou
des écoles primaires supérieures, soit aux œuvres postscolaires ou périscolaires, affirme la nécessité de réaliser la liaison entre le « vieil enseignement » et l'enseignement professionnel. Invoquant le principe posé par
l'article premier de la loi du 25 juillet 1919, d'après lequel l'enseignement technique a pour objet l'étude théorique et pratique des sciences et des arts et métiers en
vue de l'industrie ou du commerce, « sans préjudice
d'un complément d'instruction générale », il revendique
pour l'instituteur le droit de donner ce complément de
culture générale que la loi exige... « L'expérience mon-
« tre d'ailleurs, ajoute-t-il, que les cours postscolaires
« sont voués à l'insuccès, si le jeune ouvrier ou le
« jeune employé n'ont pas l'assurance d'y acquérir les
« connaissances techniques qui les fortifieront dans
« l'exercice de leur profession ». Ces dernières lignes
prouvent que malgré tout, la doctrine officielle demeure ; et dans ce même passage de sa lettre, M. Herriot revendique en somme le droit de continuer à utili-
ser une partie de la taxe d'apprentissage en vue de réaliser la liaison avec le « vieil enseignement », ou avec
l'enseignement postscolaire, c'est-à-dire du « complément d'enseignement général », prévu par l'article premier de la loi du 25 juillet 1919. Il n'y a donc, en réalité, rien de changé ; l'enseignement technique et l'apprentissage intéressent, mais ils sont la voie pour con-
duire à un enseignement postscolaire, dont nous connaissons l'esprit et dont le monopole de fait, en atten-
dant celui de droit, serait dans la majeure partie des

localités assuré à l'Etat. C'est contre quoi nous devons mettre en garde les catholiques.

A ceux qui nous accuseraient de compromettre ainsi la cause de l'enseignement technique et de l'apprentissage, nous serons bien à l'aise pour répondre en rappelant l'effort déployé longtemps avant que fussent même nés certains apôtres du mouvement « laïque » d'aujourd'hui, par les congrégations religieuses, notamment les Frères des Ecoles chrétiennes, le clergé et de nombreux industriels. La loi contre l'enseignement congréganiste, en atteignant même l'enseignement professionnel, a été pour une large part dans la crise que celui-ci a subie avant, pendant et depuis la guerre. Qu'un effort particulier s'impose aujourd'hui pour doter le pays d'une main-d'œuvre instruite et pleinement capable d'aider au relèvement, au progrès et au rayonnement de notre industrie et de notre commerce, nul n'y contredit, que nous sachions, mais cet effort doit se développer dans le cadre de la profession ; sous l'impulsion et la direction des groupements qui l'organisent, hors des instrusions des politiciens ou des fonctionnaires et des doctrines qu'ils prétendent faire prévaloir, puisqu'ils sont maintenant pour la plupart au service, non de l'intérêt général, mais de certaines écoles, voire de certaines sectes. Si ce principe était respecté, la taxe d'apprentissage, uniquement destinée à provoquer des initiatives et à aider celles qui seraient trop faibles pour se développer par leurs propres moyens, pourrait être perçue par les Chambres de Commerce, qui régleraient l'emploi des fonds d'accord avec les organisations professionnelles s'occupant de l'apprentissage et compte tenu des besoins signalés et des renseignements fournis par les services de l'inspection. Les exonérations seraient accordées par elles et correspondraient exactement aux sacrifices consentis par les assujettis, pour développer les œuvres visées par la loi. Il ne s'agirait naturellement plus alors d'imposer, sous prétexte d'enseignement technique et d'apprentissage, un enseignement dit « général » de caractère purement laïque, c'est-à-dire matérialiste et athée. La vraie formation professionnelle y gagnerait certainement, tout ce qu'y perdrait l'étatisme au service de l'irréligion car, dans une atmosphère d'apaisement, les nombreuses institutions existantes pourraient se développer en toute sécurité et servir de modèles à d'autres initiatives. C'est parce que nous voulons travailler dans la paix à cette œuvre importante au point de vue national, que nous avons actuellement le devoir de soutenir une lutte que nous n'avons point cherchée, que nous désirons voir cesser promptement ; mais dans laquelle se trouvent engagés trop d'intérêts moraux de première importance, pour que nous y puissions voir d'autre issue possible que la pleine reconnaissance des droits et de la liberté de la profession et de l'enseignement privé et chrétien.

Alexandre SOURIAC,
Avocat au Conseil d'Etat et à la
Cour de Cassation.

LES COURS D'ADULTES
PROLONGEMENT DE L'ÉCOLE LAÏQUE [1]

MESSIEURS,

S'il est exact, comme l'a dit Bossuet, qu'une erreur soit une vérité dont on abuse, il n'est pas douteux que la politique de laïcisation poursuivie depuis bientôt cinquante ans par le Gouvernement ne soit marquée de son signe.

Il n'est pas douteux, en effet, que le nombre des illettrés est actuellement, grâce à la politique d'enseignement primaire commencée en 1882, inférieur à ce qu'il était sous l'Empire, sous la Restauration et dans l'ancienne France ; mais il n'est pas douteux non plus que cette politique, conduite avec des principes qui ont abouti à la diminution de la concurrence et à l'élimination des plus anciens et des meilleurs des éducateurs ne nous place dans une situation tout à fait inférieure vis-à-vis de l'étranger.

Une observation analogue pourrait être faite à propos des hôpitaux. Ils valent infiniment mieux que ceux d'autrefois, mais ils vaudraient encore davantage si l'on n'en avait pas chassé la charité chrétienne.

Il n'est pas douteux non plus qu'à treize ans l'instruciton et l'éducation d'un enfant sont encore inachevées, que son instruction professionnelle est entièrement à faire, que les moyens qui lui sont donnés pour cela sont actuellement encore inexistants ou insuffisants, qu'il y a donc lieu d'organiser ou d'encourager l'éclosion d'un enseignement postscolaire ; mais

---

(1) Rapport au XLIVe Congrès des Jurisconsultes catholiques.

il n'est pas moins douteux que si l'Etat se mêle de l'organiser, il en profitera pour infuser aux jeunes intelligences qui lui seront confiées ses dogmes politiques et sociaux, sans se préoccuper de savoir s'ils blessent ou non la conscience des enfants catholiques, et pour redouter ce fait les catholiques de France ont la meilleure des raisons, celle qui forme la base de cette méthode scientifique qu'on leur oppose sans cesse : l'expérience.

On comprend donc l'émoi qui s'est emparé des milieux catholiques quand on a appris par la voie de projets et de propositions de loi, que l'Etat allait s'occuper de réorganiser les cours d'adultes.

*
* *

Les cours d'adultes existent depuis la loi du 30 octobre 1886. Ils végètent. Les difficultés de l'heure présente, insuffisance du recrutement des instituteurs publics, manque d'argent et de locaux, ont fait tomber le nombre des maîtres qui les donnent de quatre-vingt-trois mille en 1913, à trente-sept mille en 1924, et par contre-coup ont réduit de moitié le nombre des élèves.

L'enseignement y est trop simpliste pour plaire. Il se borne à combler les plus lourdes lacunes de l'enseignement primaire. Une dictée, un problème sur les quatre règles en constituent la trame.

Un tel enseignement est même illogique à une époque d'instruction obligatoire où, par principe, il ne devrait pas y avoir d'illettrés.

A côté des cours d'adultes, l'enseignement professionnel s'est, depuis la loi du 25 juillet, 1919, dite loi Astier, tracé une voie plus brillante. Par ses côtés pratiques, il intéresse davantage les enfants, leurs parents et leurs patrons. Par la taxe d'apprentissage il est nanti de ressources importantes. Enfin, il sera obligatoire au fur et à mesure de son organisation.

Il pouvait donc poursuivre sa carrière tout à fait indépendamment des cours d'adultes. — Nos dirigeants ne le veulent pas. — Pourquoi ?

Les raisons profondes de leur attitude sont venues en surface, dans des articles de presse, dans des congrès de l'enseignement, dans des convents maçonniques. Jusqu'à treize ans, l'Etat est actuellement le maître incontesté de la grosse majorité des jeunes intelligences françaises. Après, au contraire, beaucoup lui échappent. L'enfant rentre dans sa famille, va à l'atelier, y rencontre de bons ou de mauvais exemples, mais quitte dans le domaine des idées et des sentiments la tutelle administrative.

Il rencontre souvent l'influence bienfaisante des patronages, des sociétés de gymnastique, des associations catholiques de jeunes gens, positions de seconde ligne, sur lesquelles se sont repliées les forces catholiques après leur abandon, sans combat efficace, du terrain de l'instruction primaire.

La franc-maçonnerie a entrepris de les en déloger. Depuis trois ans, tous les efforts du ministère de l'Instruction publique, qu'elle contrôle sans réserve, se sont concentrés sur cet objectif. Partout on construit des groupes scolaires ; partout on ouvre des patronages laïques ; partout on hâte l'application de la loi Astier en s'efforçant de la faire rentrer dans les cadres des institutions primaires déjà existantes.

Il faut que l'enfant devenu apprenti, adulte, reste sous la tutelle intellectuelle et morale du maître d'école, et qu'ainsi soit atteint le but de ceux qui, sans discontinuer depuis quarante ans, occupent les avenues du pouvoir, et qui sont, par conséquent, les seuls républicains qui comptent : les francs-maçons.

Un homme qui n'est pas officiellement des leurs,

s'exprimait en ces termes : « Ce qui importe c'est que
« partout où il y a une école, on sache que cette école
« n'est pas faite seulement pour les petits écoliers,
« qu'elle reste ouverte à leurs frères aînés. On peut
« espérer que d'ici à quelques années, à mesure que
« les mœurs républicaines auront pénétré plus avant
« dans les populations, l'école dans chaque village
« sera connue de tous, comme la maison de la jeu-
« nesse, toujours hospitalière à ses anciens élèves,
« comme le foyer intellectuel du pays, le rendez-vous
« où l'on se retrouve à tout âge pour étudier, pour
« lire, pour s'instruire, pour échanger des idées, élèves
« et maîtres, apprentis et écoliers, instituteurs et pères
« de famille. »

Ainsi parlait, M. Raymond Poincaré, le 10 janvier
1895, alors qu'il était jeune ministre de l'Instruction
publique. Il ne désavouerait pas maintenant une de
ces paroles.

« L'école primaire, disait en 1925 M. F. Buisson,
« ne doit pas laisser disperser par le vent les semences
« qu'elle a jetées dans ce sol léger qu'est la mémoire
« de l'enfant. Il faut s'assurer que la graine prend
« racine, qu'elle lève, qu'elle grandit et qu'elle est
« de force à supporter les assauts du dehors. » Nous
savons ce qu'on jette à présent dans la mémoire des
enfants et pour quelles moissons.

*
* *

La position des catholiques en face de ce péril pro-
voqué par un puissant parti politique, qui mène après
lui tous les moyens d'exécution que donne l'exercice
du pouvoir, est extrêmement difficile. Clamer, comme
on l'a fait en maintes réunions de la Fédération Nationale Catholique, qu'on s'opposera, sans préciser davantage, aux projets de loi sur l'enseignement postscolaire, pourrait bien ne servir qu'à confirmer les catho-

liques dans cette attitude, qui fut si souvent la leur, du cheval qui après avoir rué dans les brancards tire ensuite à plein collier, si même on ne leur rejette bientôt à la tête les accusations d'ignorance et d'obscurantisme.

Il faut des cours d'adultes, et des cours d'adultes qui enseignent quelque chose d'utile. Il en existe déjà dans la plupart des pays étrangers. Seul un nouveau cataclysme financier, volatilisant les ressources de l'Etat et détraquant complètement la machine administrative pourrait nous en préserver. Mais ce sont là des moyens qu'il est tout de même pénible pour un Français de souhaiter, même s'il s'agit de sauvegarder ses convictions religieuses.

Présenté comme un moyen pour les petits de participer aux bienfaits de l'instruction réservée aux enfants des riches, l'enseignement postscolaire offre un superbe champ d'exploitation électorale.

Le démagogue-né, qui s'appelle M. Herriot, écrivait dans une circulaire adressée, le 4 décembre 1926, aux Préfets relativement à l'enseignement postscolaire :

« En droit, l'ouvrier est aussi un citoyen et un hom-
« me. Comme tel, il n'est pas un moyen, mais une
« fin ; il doit être non seulement capable de produire,
« mais encore de penser ; il a droit à la culture par la-
« quelle on devient un homme, c'est-à-dire un être
« libre. »

C'est ainsi que la réforme de l'enseignement postscolaire sera présentée aux foules et qu'elle sera adoptée par elles.

Le péril est considérable. Les catholiques n'ont aucun moyen nouveau à essayer contre lui et l'on sait comment les autres ont réussi. L'enseignement postscolaire est la suite logique de l'enseignement primaire. Il n'y a aucune raison pour qu'il ne soit pas laïque comme l'enseignement primaire, pour qu'il ne soit pas organisé de la même manière, pour qu'on n'y enseigne pas la même morale, la même philosophie, sociale.

Le péril est plus qu'imminent, car la réforme est déjà commencée. On se tromperait gravement, en effet, si l'on croyait qu'une loi soit nécessaire pour opérer une réforme de cette nature. D'abord la loi existe, c'est l'article 8 de la loi du 30 octobre 1886 ainsi conçu:

« Il peut être créé des classes primaires pour adultes
« ou pour apprentis ayant satisfait aux obligations
« des lois du 19 mai 1874 et 28 mars 1882. Il ne peut
« être reçu dans ces classes des élèves des deux sexes.
« Un règlement ministériel déterminera les conditions
« d'établissement de ces classes et les conditions aux-
« quelles ces cours publics d'adultes ou d'apprentis
« pourront recevoir une subvention de l'Etat. »

Avec un texte de cette généralité tout est possible; il suffit de l'interpréter par des règlements ministériels.

Les lois, à notre époque, servent autant à faire avorter une réforme qu'à la provoquer. Il n'y a pas de meilleur moyen pour enterrer une idée que d'invoquer la nécessité de la faire approuver par une loi.

D'autre fois le dépôt d'un projet de loi sera simplement le moyen d'essayer les réactions du parlement et de l'opinion publique; sa discussion, une excellente occasion d'éprouver la valeur de la majorité gouvernementale, de la regrouper, de la contraindre à foncer sur l'adversaire.

Mais si le sort d'une telle bataille demeure incertain, le parti au pouvoir, à moins qu'il n'ait pas la moindre notion de tactique gouvernementale, ce qui exclut l'idée même de son accession au pouvoir, se gardera bien d'engager le combat. Il réalisera d'abord la réforme; il verra si elle plaît et ce n'est qu'ensuite qu'il en proposera la consolidation par une loi.

C'est ainsi qu'actuellement, le gouvernement en se

servant de l'inviolabilité financière de M. Poincaré, est en train d'installer sous nos yeux l'école unique et les écoles géminées.

Seule, la nécessité d'obtenir des crédits risque d'entraver pareille initiative, et encore un article additionnel à la loi budgétaire, ne posant aucun principe et partant, ne prêtant à aucune discussion, est-il facilement voté.

Pour les cours d'adultes, il n'y a pas actuellement d'argent, mais les cours professionnels de la loi Astier en ont par la taxe d'apprentissage qui frappe assez lourdement les patrons. Le jeu consistera donc à essayer de faire passer une partie de l'argent de la taxe d'apprentissage dans la caisse démunie des cours d'adultes.

M. Herriot en a trouvé le moyen et l'explique fort congrument aux Préfets de son royaume dans la circulaire du 4 décembre 1926, déjà citée.

Il a remarqué que dans le décret du 18 janvier 1887, qui organise les cours d'adultes en exécution de la loi du 30 octobre 1886 on les appelle une fois cours « d'apprentis », chose qui n'a rien d'anormal puisque les cours d'adultes sont destinés à des enfants qui ont atteint l'âge où l'on est normalement en apprentissage. Mais ce terme d'apprentis employé à propos des cours d'adultes a été pour lui un véritable trait de lumière. Cours d'adultes, s'est-il dit, = cours d'apprentis ; cours d'apprentis = cours professionnels. Donc cours d'adultes = cours professionnels. Voilà la fusion désirée qui donnera l'enseignement postscolaire. Et il écrit dans la circulaire du 4 décembre 1926 :

« Remarquons d'abord que partout où existent des
« cours d'adultes et des cours professionnels rien n'em-
« pêche de les faire collaborer. Il suffira pour cela
« de considérer les premiers comme chargés de cette

« partie d'enseignement général que suppose nécessai-
« rement l'enseignement professionnel. »

« Le terme *d'apprenti* du décret du 18 janvier 1887
« autorise pleinement cette interprétation........ Les
« municipalités auraient dès lors pour obtenir en fa-
« veur des cours d'adultes, les subventions de l'ensei-
« gnement technique, à remplir les formalités exigées
« par la loi du 25 juillet 1919. »

Le tour est joué et voilà comment cet homme professeur, député, ministre, peintre du salon de Mme
Récamier et chantre de la forêt normande, étend encore
le cercle de ses capacités et se fait casuiste.

*
* *

En présence de tels procédés qui ne relèvent que du
contrôle parlementaire, on comprendra l'embarras du
jurisconsulte. Comment étudier exactement un danger,
qui se réalisera par des mesures administratives, peut-
être encore plus imprévues que celle qui vient d'être dé-
noncée ?

Plusieurs textes législatifs ont cependant déjà été éla-
borés. Une des plus importantes propositions de loi, par
la longueur de son exposé des motifs et le nombre de ses
articles, est celle de M. Roger Ducos, député, déposée
le 11 février 1925. Mais ce n'est qu'une proposition.
Elle sera modifiée. Elle devra d'ailleurs l'être pour être
réalisable. Elle s'effritera sous la pluie des amende-
ments.

Elle mérite cependant qu'on s'y arrête quelques ins-
tants. car elle dénote admirablement l'esprit qui anime
au moins cinq cents parlementaires des deux chambres
et qui s'infusera nécessairement dans la loi qui sera
votée un jour.

Le rapport de M. Ducos débute par cette phrase
magnifique écrite en 1925, mais qui n'a acquis toute
sa saveur qu'en 1927 :

« Messieurs, dit-il, de la présente législature, après
« le changement de politique qui s'est affirmé par les
« élections du 11 mai, le pays est en droit d'attendre
« beaucoup. Ce serait plus qu'une faute de la part de
« la nouvelle Chambre de tromper les espérances qu'elle
« a fait naître........ Au point où nous en sommes,
« l'heure des hésitations est passée................»

Le style c'est l'homme. Après la lecture du rapport
de M. Ducos on est fixé sur son éducation, sa culture,
l'origine de sa fortune politique. Il apparaît aux yeux
des moins clairvoyants comme un fruit des comités
électoraux. Il les aime et il en met partout.

Pour distribuer l'enseignement postscolaire qui sera
donné à tous les adolescents, garçons ou filles, jusqu'à
l'âge de dix-huit ans, à raison de cinquante heures
par an pour l'éducation générale, cent heures pour
l'éducation physique, cent cinquante heures pour l'é-
ducation professionnelle, le projet crée d'abord un office national de l'enseignement postscolaire, dans
chaque département, un comité principal appelé office
départemental, et à côté de lui, sept comités correspon-
dants aux diverses branches de l'enseignement postscolaire, qui sont :

L'enseignement postscolaire industriel;

L'enseignement postscolaire commercial;

L'enseignement postscolaire agricole;

L'enseignement postscolaire ménager ;

L'enseignement postscolaire physique;

L'enseignement général postscolaire;

L'enseignement postscolaire nautique dans les pays
voisins de la mer.

Dans chaque section, le projet fait entrer des représentants, des ouvriers, des patrons, des fonctionnaires,
des inspecteurs du travail, le directeur départemental
des services agricoles, les directeurs d'écoles professionnelles et d'écoles ménagères.

Chaque section, dit l'article 18 du projet :

1° s'emploie à susciter les initiatives et à encourager les efforts des individus, des associations et des communes en faveur de l'enseignement qu'elle est chargée d'organiser;

2° Fournit tous les ans à l'office départemental ses propositions concernant cet enseignement;

3° Exécute les décisions prises par l'office départemental et ratifiées par le ministère, après avis de l'office national.

Chaque section organise à son tour des comités locaux d'action partout où elle les jugera nécessaires et tels qu'elle le jugera nécessaire.

« Qui ne voit », ajoute M. Ducos, le plus sérieusement « du monde, « les avantages d'une telle organisation ? « Rien d'artificiel, rien de schématique, pas un organe « qui soit inutile ou qui porte à faux ou qui soit dispro- « portionné avec la fonction à remplir. »»

Ailleurs, il rend hommage à l'essor donné à Paris, à Lyon, par l'initiative privée de l'enseignement post-scolaire, et il dit : « L'Etat doit-il intervenir dans les « détails de l'enseignement postscolaire ? c'est-à-dire « est-ce que l'administration de l'enseignement public « doit prendre la direction totale des cours d'ado- « lescents ? Sans hésiter nous répondons non. L'en- « seignement postscolaire doit jouir d'une souplesse, « d'une liberté d'action, d'une indépendance confor- « me aux besoins des diverses régions de la France. »

Voilà qui est fort bien parlé, mais c'est tout, car tout au long du long rapport de M. Ducos, on chercherait vainement comment l'enseignement postscolaire jouira de la souplesse, de la liberté d'action et de l'indépendance désirables.

L'article 18 § 1 déjà cité de la proposition de loi dit bien que chaque section de l'Office départemental s'emploie à susciter les initiatives et encourager les efforts des individus, des associations et des communes en faveur de l'enseignement qu'il est chargé d'organiser, mais les décisions sont prises par un organisme purement administratif et préfectoral, composé du Préfet, de l'Inspecteur d'académie et de deux conseillers généraux, la charge du secrétariat étant assumée par les membres du Conseil de Préfecture.

Il s'agit, nous dit-on, de susciter les initiatives et les efforts des individus, mais on leur suscite la plus déloyale des concurrences et on les écrase en décidant (art. 12) que l'enseignement postscolaire est gratuit, et que même les fournitures scolaires seront distribuées gratuitement par les municipalités.

Ce que M. Ducos et ses pareils appellent encourager les initiatives individuelles, c'est, en réalité, les encourager à entrer dans les petits comités qu'ils voudraient voir organiser partout et qui fonctionneront sous la direction du Préfet.

Il n'y a pourtant pas pour l'Etat trente-six manières d'encourager les initiatives individuelles, surtout en matière d'enseignement ; il n'y en a qu'une : c'est d'ouvrir ses caisses par des moyens dont seul il a, sinon le secret, du moins le pouvoir, c'est de donner à des individus, à des associations privées son argent, de leur prêter ses locaux, ses laboratoires, de leur assurer le concours de ses fonctionnaires.

Ce procédé n'est pas nouveau, il est employé dans tous les pays où l'Etat cherche véritablement à encourager les initiatives privées : en Angleterre, en Hollande, aux Etats-Unis, au Canada. L'Etat paie, et comme tout bon payeur, contrôle l'emploi de son argent, mais c'est tout.

Or, M. Ducos ne paraît même pas s'en douter. Passant en revue les institutions postscolaires anglaises, il s'extasie sur l'admirable organisation de la Workers Educational Association qui dut le jour en 1903 à l'habile et ardente initiative d'Albert Mansbrige, et qui en 1919 groupait déjà deux mille cinq cent vingt-six sociétés, et il écrit :

« Qu'elle prête ou non ses cadres à l'organisation
« légale, il est certain qu'une telle œuvre continuera
« à vivre et à se développer. Bien loin, en effet, de con-
« trecarrer les œuvres jaillies de l'initiative privée, la
« loi anglaise les admet et les favorise à la condition
« qu'elles se soumettent à son contrôle. Il en est de
« même de la loi américaine et de la loi allemande. »

Autrement dit, sous l'empire de ces législations, l'Etat paie, contrôle et s'en tient là.

Or, quand on jette les yeux sur le titre 5 de la proposition de loi Ducos, qui traite de l'organisation financière, on lit que dans chaque commune, il est créé une caisse de l'enseignement postscolaire ayant la capacité civile, que cette caisse est alimentée par des dons et legs, par les subventions de l'Etat, des départements et des communes, que cette caisse est administrée par un comité constitué dans le sein de la commission locale ; mais que fait ce comité ?

Art. 30 : Le comité établit le budget annuel des cours communaux, il propose à l'office départemental le montant de la subvention communale, fixe le montant de la rétribution horaire des maîtres appointés, il règle les achats des fournitures scolaires, de matériel, de mobilier, établit des propositions de recettes destinées à faire face aux dépenses nouvelles, et c'est tout.

Comment s'y prendra-t-il pour encourager les initiatives privées ? Nous n'en savons rien, M. Ducos n'en sait rien non plus ; il n'en a même pas l'idée. Ne dit-il pas, en effet, textuellement dans son rapport :

« La France connaît depuis longtemps les initiatives
« individuelles, les tentatives collectives et les mesu-
« res législatives partielles. N'est-il pas temps qu'elle
« couronne ce mouvement par une œuvre d'ensemble ?»

Voilà le fin mot de l'affaire. La France possédait quelques organisations, œuvres, institutions postscolaires, fonctionnant tant bien que mal. L'Etat va les absorber, les racheter, les fondre et leur substituer sa grande machine administrative fonctionnant gratuitement pour tous et contre laquelle il est, par conséquent, impossible de lutter.

M. Ducos s'occupant d'initiative privée en matière postscolaire est, sans qu'il s'en doute assurément, un petit Néron qui embrasse son rival, mais c'est pour l'étouffer.

*
* *

D'une autre qualité est le projet déposé par M. Daladier, ministre de l'Instruction publique, le 24 février 1926.

Il est aussi clair que celui de M. Ducos est confus, aussi bref que l'autre est long. Il indique très nettement que les cours d'adultes seront tout simplement des cours complémentaires où l'enseignement technique sera mêlé à l'enseignement général, et qui seront faits par des maîtres d'école secondés de quelques spécialistes de bonne volonté ou mobilisés d'office : comme le percepteur, le juge de paix, l'agent voyer, qui feront sans doute la théorie du bon justiciable, de l'excellent contribuable et du parfait piéton.

L'enseignement postscolaire, dit le projet, est obligatoire pour les jeunes gens de treize à dix-huit ans révolus qui n'ont pas obtenu leur certificat d'études primaires, ou qui n'ont pas suivi pendant deux ans au moins, après la scolarité obligatoire, les cours d'un établissement d'enseignement public ou privé.

L'enseignement postscolaire (art. 9) est divisé en deux cycles :

1° De treize à quinze ans révolus, les adolescents

sont astreints chaque année, à recevoir deux cent quarante heures effectives d'enseignement;

2° De quinze à dix-huit ans révolus, cent vingt heures.

Ressortissent obligatoirement au cours complémentaire (art. 8) les adultes qui sont domiciliés ou qui exercent leur profession à une distance n'excédant pas quatre kilomètres de l'agglomération où est ouvert le cours complémentaire.

Des sanctions pénales analogues à celles qui existent déjà pour l'école primaire sont prévues contre les parents, et les employeurs qui n'assureraient pas ou qui entraveraient l'assiduité des élèves.

Le programme de l'enseignement postscolaire est composé pour le premier cycle d'emprunts aux programmes des cours supérieurs de l'école primaire et de l'enseignement primaire supérieur. Le second cycle comporte des cours où seront enseignés les sciences et le dessin appliqués à la profession ; l'hygiène sociale et professionnelle et encore des cours d'éducation physique, d'initiation esthétique, en plus, pour les filles, l'éducation ménagère.

L'enseignement fonctionne (Art. 21) sous la surveillance d'un office départemental de l'enseignement postscolaire, qui n'est autre que l'actuel conseil départemental de l'enseignement primaire, auquel seront adjoints des représentants des groupements professionnels, patronaux et ouvriers, des représentants des coopératives de consommation et de production, des représentants du monde intellectuel et artistique.

Les moyens financiers sont également fort simples : ce sont des extensions de ceux qui existent déjà.

Art. 25. Les ressources affectées à l'enseignement postscolaire sont :

1° Une subvention annuelle de l'Etat et une subvention égale de la commune ;

2° Une part dans le produit annuel de la taxe d'apprentissage égale au quart du principal ;

3° Une contribution des employeurs d'adolescents assujettis à l'enseignement postscolaire s'élevant à vingt centimes pour cent des salaires qui leur sont versés ;

4° Des dons et legs.

******

Voilà qui donne mieux que le projet précédent la physionomie que les promoteurs de l'enseignement postscolaire entendent lui donner : simple prolongation de l'école publique avec plus d'attrait et des moyens matériels accrus. M. Daladier n'a même plus pour l'enseignement privé de ces caresses d'ours auxquelles paraissait se complaire M. Ducos. Il n'en est même plus question. Il se débrouillera comme il pourra.

Il y a même dans le projet de loi Daladier une atténuation à nos craintes qui de toute évidence ne restera pas.

Aux termes de l'article 2, l'enseignement postscolaire ne serait obligatoire que pour les enfants qui à douze ans n'ont pas obtenu le certificat d'études primaires. La portion la plus studieuse et la plus intelligente de la population scolaire y échapperait donc. Ce serait une anomalie, car il n'y a aucune raison pour que les enfants les mieux doués ne profitent pas de la part d'enseignement technique et professionnel que comportera l'enseignement postscolaire, à moins que ce ne soit là la place laissée libre pour l'école unique, car le jour où tout enfant faisant preuve de quelques qualités intellectuelles sera poussé administrativement vers les études secondaires et supérieures, l'enseignement postscolaire, tel qu'il est prévu par le projet Daladier, pourra être exclusivement réservé aux enfants qui ne sont pas capables d'achever convenablement, dans le temps prescrit, leurs études élémentaires.

Ainsi sera développé logiquement, inéluctablement, le programme scolaire de la Troisième République. Il faut remonter au temps de la reine Elisabeth d'Angleterre pour trouver l'exemple d'un pareil effort sur l'âme d'un peuple.

L'on vit à cette époque, en moins de trente ans, sans persécution violente, au milieu d'affirmations de tolérance sans cesse répétées, par le simple jeu d'une substitution habile du ministre réformé au prêtre catholique, le plus souvent au fur et à mesure des vacances de poste, disparaître les derniers vestiges de la foi romaine dans ce pays pourtant si religieux.

Nous assistons, par la simple substitution de l'influence intellectuelle et morale du maître d'école à celle du curé, à la disparition graduelle et continue de notre religion traditionnelle.

Il est vrai que l'on ne détruit bien que ce que l'on remplace et qu'à cet égard la religion de la laïcité ne vaut pas la religion réformée. Elle comble mal le vide religieux qu'elle laisse dans l'âme, mais ce qu'elle donne n'est-il pas cependant quelque chose dans un pays comme le nôtre où même l'expression « je crois » dans le langage courant exprime l'idée du doute ?

Car ce n'est pas tout-à-fait le vide que de pouvoir placer, comme le fait M. Franchet, en tête d'un ouvrage qu'il intitule : « Entretiens de morale républicaine » la lettre, magnifique par le style, de Jean Jaurès aux instituteurs et institutrices de France. Ce n'est pas tout à fait le vide que de pouvoir faire un ouvrage de trois cents pages, nourri de citations empruntées aux plus brillants écrivains de France et dont les titres des chapitres s'appellent :

La morale est l'art du bonheur humain,

Tous les hommes ont le même droit au bonheur,

La morale devant les sciences et les religions,

L'ère de la peur,

Raison et révélation,
La méthode scientifique comparée à la révélation,
La science reconnaît la liberté de l'erreur,
La science ne se vante pas,
La science crée le bonheur humain.

Toujours cette religion du progrès indéfini de l'espèce humaine qui est bien le dogme fondamental de la religion laïque, qui lui donne sa confiance dans l'avenir, sa jeunesse et ses enthousiastes, et qui est actuellement si bien ancrée dans les esprits que lorsque les apologistes font observer que plus qu'aucune autre la religion catholique a contribué au progrès de la civilisation, ils ne font le plus souvent que donner un argument de plus à leurs adversaires.

*
* *

En face d'un tel péril, le jurisconsulte avouera sans hésiter son impuissance. Ce n'est pas à une époque où la loi est souveraine et sort de mains qui ont tout manié, sauf les volumes de nos codes et les recueils de nos vieilles coutumes, qu'il peut croire à l'efficacité de ses efforts.

Les avocats généreux qui pendant vingt ans ont usé leur voix pour arracher aux tribunaux des sentences plus justes en faveur de nos malheureux congréganistes en ont fait la vaine expérience.

Il faut bien reconnaître que la réforme scolaire, dont la France est le théâtre depuis quarante-deux ans, est le type d'une action politique au sens le plus élevé du mot, puisqu'elle tend non seulement à gouverner un peuple, mais encore à changer sa mentalité, et qu'elle y réussit.

Il faut donc changer le régime qui a créé cette politique, ou travailler à l'améliorer jusqu'au jour inconnu où il sera enfin possible de former un ministère composé uniquement d'hommes de bien, rompus à la pratique des affaires parlementaires, où l'on verra figurer à la fois M. Thiers et M. Guizot, le comte Molé et M. de Tocqueville, chose qui ne paraît pas encore impossible à quelques bons esprits.

Félix COLMET-DAAGE.
Avocat à la Cour d'Appel de Paris.

LE " MINISTÈRE DE L'ÉDUCATION NATIONALE " PROJETÉ [1]

Déjà avant la guerre, on parlait dans les milieux ra-
dicaux et « laïques » de remplacer le Ministère de l'Instruction publique par un Ministère doté d'attributions
beaucoup plus vastes que l'on appellerait « Ministère
de l'Education nationale ». M. Steeg en réclamait la
création dès 1907.

On invoquait pour cela la nécessité de concentrer
dans les mêmes mains tout ce qui concerne la formation
intellectuelle et professionnelle de la Nation, de faire
cesser les doubles emplois qui sont les conséquences
fatales de la dispersion et de réaliser ainsi de sérieuses
économies budgétaires ; c'était aussi le moyen, disait-on,
d'obtenir des réalisations plus rapides en supprimant les
lenteurs provenant de la multiplicité de services s'ignorant parfois, ou, ce qui est pire, entrant en conflit dès
qu'ils se trouvaient en contact.

Ce sont les raisons que donnait un des premiers initiateurs de ce projet, M. Léon Brunschvicg :

« On ne nous a pas compris ou plutôt on a fait sem-
« blant de ne pas nous comprendre quand on nous a
« prêté la pensée de remplacer des bureaux par d'autres
« bureaux, des spécialistes du dossier par d'autres
« spécialistes destinés à s'enliser et à se paralyser dans
« les mêmes pratiques et les mêmes préjugés. Il s'agit
« bien de cela ! Il s'agit de clore l'âge du gaspillage et
« du papier, d'introduire enfin dans le gouvernement

---

1. Rapport au 44e Congrès des Jurisconsultes catholiques.

« de la République un régime *d'intelligence* et *d'éco-*
« *nomie.* » (1).

La première tâche de ce Ministère, disait-on avant la
guerre, serait d'établir une plus étroite liaison entre
les différents degrés de l'enseignement, entre le primaire
et le secondaire et même entre le primaire et le supérieur, et de faire ainsi tomber les cloisons étanches
qu'avait dressées entre eux une bureaucratie jalouse et
routinière pour les maintenir chacun dans un « splendide
isolement ».

On fit un pas de plus et on déclara que ce nouveau
Ministère devait grouper sous sa direction unique non
seulement tous les ordres, mais encore *toutes les na-
tures d'enseignement* afin d'établir des relations étroites
entre l'enseignement technique et professionnel d'une
part, l'enseignement purement intellectuel de l'autre.
Dès lors, les écoles agricoles dépendant du Ministère de
l'Agriculture, les écoles industrielles et commerciales
dépendant des Ministères du Commerce et du Travail,
les écoles militaires et navales dépendant des Ministères
de la Marine et de la Guerre, leur seraient enlevées pour
être placées sous la direction du Ministère de l'Instruction
publique devenu le Ministère de l'Education nationale.
C'est ce que disait encore M. Steeg en 1907 :

« Si l'on veut obtenir un contrôle réel des crédits
« consentis par le Parlement pour l'Instruction publi-
« que à ses divers degrés et dans ses multiples domaines,
« il est indispensable de rattacher la variété des ensei-
« gnements techniques ou spéciaux à un seul ministère
« qui pourrait prendre le titre compréhensif et glorieux
« de *Ministère de l'Education nationale.* » (2)

Lancées par des esprits hardis, tels que l'auteur des
textes que nous venons de citer, M. Brunschvicg,

---

1. *Un Ministère de l'Education nationale*, par Léon BRUNS-
CHVICG. Paris, Plon, 1922, p. 87.
2. *Ibidem*, p. 49.

israélite, professeur à la Sorbonne et membre de l'Institut, et combattues par personne, ces idées firent de grands progrès dans l'opinion et reçurent des applications partielles.

« L'indication la plus importante a été donnée par
« M. Millerand lorsqu'il a détaché du Ministère du Com-
« merce les bureaux de l'Enseignement technique pour
« les ériger en un Sous-Secrétariat d'Etat, dépendant, au
« moins nominalement, du Ministère de l'Instruction
« publique. Mais ce n'a été, jusqu'ici, qu'une indication
« de principe ; l'en-tête des imprimés officiels a été mo-
« difié, le fond des choses est demeuré. Les services
« sont superposés au lieu d'être juxtaposés ; ils ne se
« connaissent et ne se pénètrent pas davantage. Dans
« des centaines de petites villes, école professionnelle
« et école primaire supérieure, coexistant elles-mêmes
« avec le collège municipal, se partagent une clientèle
« restreinte d'élèves, en sorte que l'administration est
« arrivée à ce résultat paradoxal d'avoir, dans une
« France haletante et endettée, créé et une pénurie
« d'effectifs et une crise de matériel et qu'elle paie en
« fait trop de maîtres et qu'elle entretient trop de lo-
« caux. » (1)

Cette citation montre que pour réclamer le Ministère de l'Education nationale on invoquait, pendant la guerre et au lendemain de l'armistice, la nécessité de l'économie.

Mais déjà s'exprimaient vaguement des raisons d'ordre différent qu'allaient développer et préciser les Compagnons de l'Université nouvelle avec leur système de l'*Ecole Unique*.

Nous n'avons pas l'intention de l'exposer ici ; qu'il nous suffise de rappeler les deux raisons principales que l'on met en avant en sa faveur ; car, ce sont les mêmes

---

1. *Ibidem*, p. 50.

que l'on met en avant pour réclamer le Ministère de l'Education nationale.

La première est d'ordre social : il est inadmissible nous dit-on, que dans une démocratie comme la nôtre la mise en valeur des intelligences dépende si étroitement de la fortune, qu'un élève inintelligent ou paresseux puisse poursuivre des études inutiles à lui et à la société, parce que ses parents peuvent en payer les frais, et que par ailleurs, des enfants bien doués, laborieux, soient arrêtés prématurément, et retirés de l'école parce que leurs familles ne peuvent pas faire les sacrifices nécessaires ou même ne veulent pas les faire. A cette « iniquité sociale » il faut opposer le droit de l'enfant à l'éducation et à l'instruction que réclame le plein développement de ses facultés, et l'Etat doit garantir la jouissance de ce droit en donnant gratuitement l'éducation et l'instruction à tous ceux qui le méritent, dans la mesure et pour le temps nécessaires, sous la forme réclamée par les aptitudes de l'enfant et du jeune homme.

La seconde raison invoquée par les tenants de l'Ecole unique est d'ordre économique. En tout temps, disent-ils, mais surtout au lendemain du cataclysme mondial qui a, d'une part, accumulé tant de ruines matérielles et morales, et d'autre part, fauché dans leur pleine activité tant d'énergies et de forces productives, la société n'a pas le droit de gaspiller les intelligences en les laissant en friche ou insuffisamment cultivées. Pour leur permettre de donner dans tous les domaines leur maximum de rendement, il faut que la providence « laïque » de l'Etat supplée aux insuffisances de ressources ou d'intelligence des familles et prenne en charge elle-même la formation intellectuelle, technique et professionnelle de l'enfance et de la jeunesse des deux sexes et établisse tout jeune homme et toute jeune fille dans la carrière, la profession et le métier répondant le mieux à son intelligence et à ses aptitudes.

Pour cela, il n'y aura pas d'économie à faire ; car nos « laïques » déclarent coupables les économies que l'on opèrerait sur le chapitre de l'enseignement ; et ainsi *changent totalement les raisons que mettent dès lors en avant les partisans du Ministère de l'Education nationale.*

On le demande, cette fois, pour assurer à toute la jeunesse de France l'instruction intégrale et « l'égalité devant l'instruction » et procurer à la France elle-même le maximum de production intellectuelle et matérielle, quitte s'il le faut à y consacrer des sommes considérables. A l'occasion cependant on exhume la raison d'économie. Mais elle n'est plus au premier plan.

Ici nous sommes en plein dans le système de l'Ecole unique et le *Ministère de l'Education nationale nous apparaît comme le Ministère de l'Ecole unique.*

C'est bien ainsi que l'entendait, en 1922, M. Brunschwicg, lorsque dans sa brochure sur le *Ministère de l'Education nationale,* il faisait d'*Education nationale* et d'*Ecole unique* deux expressions synonymes.

« Le problème de l'Ecole unique, écrivait-il, ne con-
« siste pas à poser à fleur de sol des poteaux qui ne tien-
« dront droit qu'à l'aide d'étais extérieurs par des moyens
« mécaniques, puis à espérer que quelques-uns de ces
« poteaux seront, par je ne sais quel caprice ou quel
« hasard, capables de prendre racine et de redevenir
« des arbres portant feuilles et fruits. Il importe que
« tous les enfants de France soient considérés également
« comme des plantes vivantes dont on assurera la crois-
« sance spontanée grâce aux mêmes méthodes, laissant
« seulement le tronc grandir plus ou moins haut avant
« de permettre le départ des branches, mais sans jamais
« opposer d'obstacles artificiels à l'expansion de l'être
« que sa puissance de sève élèverait au-dessus du
« niveau qui avait été prévu pour lui. »

Ce jardinage humain que serait l'Ecole unique ne peut être pratiqué, assure M. Brunschwicg, que par un

Ministère de l'Education nationale seul capable de remplacer par un arbre à cime unique et poussant en tous sens des branches variées habilement taillées qu'est l'Ecole unique, le système de poteaux sans vie qu'est notre actuelle administration de l'enseignement. C'est à le démontrer que tend toute la brochure de M. Brunschwicg.

La question se précise de plus en plus, dans le détail, dans les pages que M. Ducos, député radical de la Haute-Garonne, et rapporteur du budget de l'Instruction publique depuis 1924, a consacrées, dans ses rapports de 1924 et 1925, à la question de l'Ecole unique et du Ministère de l'Education nationale.

Dans celui de 1925, il définit ainsi ce ministère rêvé :

« Un vaste Ministère destiné à englober tous les en-
« seignements donnés sur le territoire de la nation,
« qu'ils soient classiques, modernes ou techniques,
« généraux ou locaux ; qu'ils s'adressent à de futurs
« agriculteurs, à de futurs industriels, à de futurs com-
« merçants, à de futurs ingénieurs ou même à de futurs
« officiers des armées de terre et de mer.

« Rien de ce que l'on enseigne aux enfants, aux ado-
« lescents, aux jeunes hommes ne saurait laisser indif-
« férent le Ministre qui assume la tâche écrasante de
« porter au plus haut degré la valeur spirituelle du
« pays. Or, y a-t-il quelque chose de plus ridicule et
« de plus fâcheux que la rivalité à laquelle se livrent
« certaines catégories d'établissements ou certains bu-
« reaux de l'Instruction publique, du Commerce, de
« l'Agriculture, qui se disputent pour leurs écoles les
« subventions, les professeurs et les élèves ? L'élargis-
« sement de la compétence du Ministère de l'Instruc-
« tion publique aurait pour conséquence, on peut l'es-
« pérer, non seulement de faire disparaître ces mesquines
« rivalités, mais de supprimer bien des doubles emplois
« entre les institutions d'Etat aujourd'hui trop isolées

« et aussi de remettre en honneur la notion de l'effort
« collectif et le souci de l'intérêt général. » (1)

Et pour justifier la concentration des enseignements
de tout degré et de toute nature dans le Ministère de
l'Éducation nationale, M. Ducos invoque l'argument
du maximum de rendement économique. Ce nouveau
Ministère le procurera, dit-il, en ayant « un droit de
regard et une possibilité d'action efficace sur tous les
éléments de la vie intellectuelle, quelque sporadique que
soit leur distribution, à l'heure actuelle. »

« Parmi ces éléments entrent aussi bien l'industrie
« typographique, le commerce du livre scolaire et celui
« du livre tout court que la construction des écoles ;
« la préparation professionnelle des maîtres, l'amélio-
« ration de l'outillage industriel et agricole que les
« moyens de notre expansion à l'étranger. » (2)

M. Ducos s'attend à ce qu'une fois de plus on reproche
aux écoles officielles d'être théoriques ; aussi veut-il
qu'à côté de l'enseignement spéculatif elles donnent
des leçons aussi pratiques que possible à leurs élèves
pour leur formation technique et professionnelle. Il y
aura partout des cours d'adultes agricoles, on multi-
pliera les écoles professionnelles ; à côté des écoles
primaires on aura des fermes dirigées par les instituteurs et dans chaque Université des instituts techniques. Il prévoit même qu'il y aura deux sortes d'Uni-
versités, celles qui étant de première grandeur auront à
la fois des chaires magistrales et des instituts techniques et professionnels et celles de deuxième grandeur
qui n'auront que ces derniers.

Cela ne suffit pas encore à son désir de réalisations
pratiques. M. Ducos nous annonce que pour activer la
production, les écoles enseigneront la technique de la
coopération et que pour joindre exemple et précepte

1. *Journal Officiel* 1925, Rapport n° 1965, pp. 77-78.
2. *Ibid.* 1924, Rapport n° 513.

elles fonderont, par la mutualité, un vaste réseau de coopératives de production et de consommation dans la France entière.

Et comme de tous les instruments de production qu'a l'homme, le plus perfectionné ou tout au moins le plus nécessaire est son propre corps, le Ministre de l'Education nationale aura mission de le former par la culture physique, l'hygiène et l'inspection médicale. Les enfants seront l'objet d'une puériculture scientifique. Les adolescents et les jeunes gens, soumis à des exercices et à des sports sagement réglés, développeront scientifiquement chacun de leurs organes et de leurs fonctions : la vue par l'éducation des yeux, l'ouïe par celle des oreilles, la respiration par celle des poumons, enfin la circulation du sang. La fonction de la propagation de l'espèce sera l'objet d'une attention particulière et l'on donnera aux deux sexes, dès les bancs de l'école, l'éducation sexuelle avec les notions d'hygiène qu'elle comporte. Enfin, des inspections régulières permettront la tenue pour chaque individu, dès l'âge le plus tendre, de fiches médicales dont la réunion formera le carnet médical.

Une simple récapitulation nous permettra de constater le développement considérable qu'a pris la conception du Ministère de l'Education nationale en quelques années. Voici ses principales attributions :

1º Enseignement primaire ou 1er degré, précédé d'une puériculture scientifique et suivi d'un enseignement primaire supérieur ;

2º Enseignement secondaire ou 2e degré, avec ses quatre lycées interchangeables, lycées classique, moderne, technique et professionnel, ces deux derniers devant être précédés des cours d'orientation professionnelle ;

3º Enseignement supérieur ou 3e degré, avec ses cours magistraux et ses instituts techniques ;

4º Enseignement technique, avec ses trois stades marqués par des examens : primaire, secondaire et supérieur ;

5º Formation des maîtres des enseignements déjà nommés ;

6º Éducation postscolaire, cours d'adultes intellectuels, agricoles, industriels, commerciaux ;

7º Éducation physique comprenant toute la vie au grand air, les sports, le scoutisme, l'athlétisme, les jeux, l'hygiène, l'inspection médicale ;

8º Enseignement des questions sociales : création d'institutions de crédit, de mutualité, de prévoyance sociale, de coopération intellectuelle et économique (consommation et production) ;

9º Fermes scolaires, champs d'expérience, usines modèles pour tous les métiers ; écoles primaires, secondaires et supérieures de commerce ;

10º Écoles militaires, navales, coloniales, diplomatiques, politiques, administratives ;

11º Amélioration de tous les outillages de production agricole, industrielle, intellectuelle ;

12º Formation de maîtres pour ces ordres si complexes d'enseignement ;

13º Construction et entretien de tous les bâtiments que réclameront tous ces enseignements, leurs maîtres, leurs élèves et leurs étudiants ;

14º Organisation financière de toutes les institutions ;

15º Subventions d'études aux élèves et aux étudiants, allocations à leurs familles.

Dans une réunion maçonnique qui se tint vers 1890 un orateur s'écria : il faut que dans trente ans d'ici personne ne puisse bouger sans notre permission ! On peut dire que s'il arrivait à se créer, le Ministère d'Éducation nationale tel que les rapports de M. Ducos nous l'ont esquissé dans ses grandes lignes, réaliserait ce programme.

Nul ne pourrait naître ni faire ses premiers pas sans

sa puériculture officielle, ni grandir sans ses inscriptions médicales et sa fiche signalétique, sans les traitements médicaux qu'il devrait subir à la maternité, à la pouponnière, à l'école, à la postécole, au cours de ses exercices de sport et dans ses jeux.

Nul ne pourrait consommer ou produire sans son enseignement et ses œuvres coopératives.

Nul ne pourrait rien apprendre en dehors de son système aussi vaste que compliqué, et de ses écoles avec leurs orientations et leurs sélections.

L'orientation vers un métier ou une profession, l'établissement dans ce métier et cette profession après les multiples études et sélections qui y auraient préparé, feraient encore dépendre chacun du Ministère d'éducation nationale.

Même l'expansion de la France à l'étranger sous toutes ses formes, expansion intellectuelle par ses livres, ses écrivains, ses artistes ; expansion de son industrie, de son commerce et de son agriculture ; coopération intellectuelle, tout cela serait encore du domaine de cette vaste organisation.

A elle aussi appartiendrait dans une large mesure la défense du pays par les écoles militaires et navales de toutes sortes, les usines avec leurs applications scientifiques qui dépendraient d'elle.

Enfin la vie économique tout entière serait commandée par ce Ministère grâce à son système d'écoles agricoles, industrielles, commerciales doublées d'institutions de production et de consommation.

Les départements et les communes devraient recevoir de lui ses ordres pour tout ce qui concernerait les dépenses d'entretien des bâtiments nécessaires à cette immense machine et sans doute aussi à l'entretien de ceux qui, sur place, la feraient manœuvrer.

En réalité, ce serait l'absorption de toutes les fonctions individuelles et sociales, matérielles et intellectuelles dans cette institution formidable que serait le Ministère de l'Education nationale. Ce Ministère nous apparaît comme l'organe qui permettrait à l'Etat d'absorber en lui toutes les activités particulières, individuelles et collectives, et cette absorption ne serait pas autre chose que *le collectivisme socialiste.*

D'autre part, les partisans de cette monstrueuse institution, depuis M. Brunschvicg jusqu'à M. Ducos, se sont évertués à prouver qu'elle serait l'organe essentiel et nécessaire de l'Ecole unique. Qu'en conclure, sinon que l'Ecole unique et le Ministère d'Education nationale sont deux rouages indispensables l'un à l'autre d'un vaste système étatiste qui serait en réalité le socialisme collectiviste ?

Cette constatation se dégage tout naturellement des déclarations qui ont été faites par les partisans de ce Ministère et de l'Ecole unique, et que nous venons de citer. N'est-elle pas assez claire pour imposer à tous les adversaires du socialisme le devoir absolu de combattre de toute leurs forces des institutions qui assureraient son établissement définitif, si on parvenait à les réaliser elles-mêmes ?

Jean GUIRAUD.

LES REVENDICATIONS CATHOLIQUES
A L'ENCONTRE DU PROGRAMME MAÇONNIQUE [1]

Au cours des trois journées de ce Congrès, dans les rapports très documentés qui vous ont été présentés, dans les discussions aussi courtoises qu'intéressantes qui les ont suivis, vous avez étudié les principes, les applications, les conséquences possibles des lois et projets de lois sur l'enseignement postscolaire et spécialement sur l'enseignement technique.

De ces études que conclure ? Quelles prévisions faire au point de vue religieux, social et politique ? Quelle doit être l'attitude des catholiques et quel pourra être celui des jurisconsultes ? Permettez-moi, en quelques mots très simples et très courts, d'essayer de dégager quelques idées essentielles.

Les lois récemment votées, les projets de lois présentés et les mesures administratives, qui anticipent sur le vote législatif, sont un grand pas vers le but poursuivi si persévéremment par les sectaires antichrétiens, on serait tenté de dire qu'ils sont la réalisation de leur rêve : suppression de tout enseignement religieux, lequel doit aboutir à la déchristianisation complète de la France.

De leur programme depuis longtemps et savamment préparé, vous connaissez les deux étapes parcourues : la première fut celle du vote de la loi sur l'enseignement laïque, gratuit et obligatoire, qui supprima pour la grande majorité des jeunes Français l'enseignement de toute notion religieuse ; la seconde a été la loi de 1904, qui a enlevé aux religieux le droit d'enseigner, afin de tuer les écoles libres chrétiennes en les privant de leurs maîtres. Cette dernière loi n'a pas eu tous les

---

1. Rapport au 44ᵉ Congrès des Jurisconsultes catholiques.

effets qu'en attendaient ses promoteurs. Nous arrivons à la troisième et dernière phase : la suppression complète de la liberté par l'établissement du monopole de l'enseignement étatiste, qui s'emparera de l'enfant et le tiendra sous son joug jusqu'à sa majorité. Tout cela d'ailleurs n'est point imprévu et nos adversaires eux-mêmes ont plus d'une fois avoué leur but.

Pour cette dernière réalisation, une formule nouvelle a été adoptée : l'Ecole unique, mot qui flatte l'envie égalitaire, sauf à la duper à son tour. Cette école unique sera uniquement entre les mains de l'Etat ; elle le sera dans ses cycles divers et notamment dans celui de l'enseignement technique, où le fonctionnariat remplacera la compétence.

Une vaste campagne a été engagée et toutes les forces de ses partisans ont été mobilisées : journaux, Compagnons de l'Université, Congrès des instituteurs, Congrès de la C. G. T., discours, décrets, invitations du Ministre de l'Instruction publique.

L'importance du but poursuivi par les sectaires explique la violence de leur effort. Il s'agit pour eux d'imposer à toute la jeunesse la formation morale et civique selon la doctrine maçonnique. « Il faut, dit François-Albert, préparer des électeurs pour la sauvegarde de la République. » Et le sous-secrétaire d'Etat à l'Enseignement technique a indiqué comment : « Ce n'est pas à l'Ecole primaire qu'on forme le citoyen ; c'est de 13 à 21 ans qu'il faut donner l'enseignement civique. » Cet enseignement sera laïque. Ecoutons Ferdinand Buisson, l'un des chefs du parti : « Parmi tant de devoirs qui nous apparaissent, c'en est un de tenir tête à l'Eglise et nous n'y faillirons pas. » Et encore : « L'école n'est pas neutre tout court : elle l'est dans la mesure où elle peut l'être, en restant laïque d'esprit, laïque de méthode, laïque de doctrine. »

Les sectaires sont pressés d'aboutir. François-Albert,

au Sénat, demande au Ministre « de faire voter les trois projets Daladier » ; tandis que celui-ci dit au Congrès de la Ligue de l'Enseignement « ... des mesures énergiques, précises, audacieuses, quelquefois empruntées au besoin à la république jacobine, telles sont celles que devront adopter pour aboutir le Gouvernement et ses ministres. »

Ils comptent sur le succès. M. Ducos, rapporteur du budget, en 1925, écrit en effet : « Ainsi universalisé, le nouveau régime passera vite dans les mœurs et c'est un résultat qu'il importe par dessus tout d'obtenir. »

En face de cette offensive, quelle doit être notre attitude ? Nous devons assurément protester contre toute atteinte nouvelle à nos droits ; contre toute restriction des libertés qui nous restent ; mais cela ne suffit pas. Bien loin de nous décourager et de nous laisser effrayer, nous ne nous bornerons pas à défendre ce qu'on nous a laissé ; mais nous continuerons à revendiquer ce qui nous a été pris. Nous nous associerons à toutes les campagnes en faveur de la proportionnelle scolaire ; aux revendications énergiques de la D. R. A. C. pour la restitution aux Religieux du droit d'enseigner et de tous les droits civiques. Il est de telles injustices qu'un jour ou l'autre l'opinion publique les condamne.

Quant à notre opposition elle ne sera ni purement négative, ni systématique. Nous avons le droit de le dire très haut, les catholiques désirent que l'instruction soit largement répandue et développée. Ce ne sont pas eux, mais leurs adversaires qui abusent de l'ignorance de la foule. Ce faisant, ils répondront aux intentions de l'Eglise qui, dans tout les temps, a favorisé l'instruction et, pendant des siècles, en a seule soutenu la charge. Au surplus, leurs actes sont la preuve la meilleure de la vérité de leurs affirmations. De cet enseignement technique dont il est tant question, ils ont été les initiateurs ; ce sont eux qui ont développé l'enseignement ménager et le succès qu'ils y ont obtenu a précisément déterminé l'Etat à s'en occuper à son tour et à s'en emparer. La réponse à nos détracteurs nous est ici facile.

Mais en affirmant nos vœux pour le développement de toutes les connaissances, nous affirmerons non moins énergiquement le programme qui seul nous apparaît capable d'en assurer la réalisation, parce que seul il est conforme aux droits individuels et aux intérêts nationaux.

Nous croyons que l'enfant appartient d'abord aux parents de qui il est né, qui sont ses protecteurs et ses éducateurs naturels ; que son éducation doit comprendre une formation religieuse et morale et que par conséquent l'Eglise par ses représentants y a un rôle. Nous savons que la famille n'est point en état de donner toute l'instruction désirable et que l'école est nécessaire ; mais nous maintenons le droit de la famille de choisir le maître, qui est son délégué, son fondé de pouvoir, auquel nous attribuons ainsi un rôle plein de grandeur morale et supérieur au rang de fonctionnaire.

Nous n'entendons pas écarter l'Etat. Il a la charge d'exercer à l'école, comme sur tout le territoire, une surveillance pour tout ce qui touche au bon ordre général et aux bonnes mœurs ; mais nous ne lui reconnaissons pas sur l'enfant de droits plus étendus que sur les autres citoyens. Il sera dans son rôle en favorisant les initiatives, en soutenant les œuvres utiles, en fondant certaines écoles qui dépassent les possibilités des forces individuelles. Comme le disait M. Lucien-Brun, il y a de longues années dans un Congrès des Jurisconsultes : l'Etat doit être un protecteur attentif et un professeur suppléant.

Il a tant et de si difficiles tâches, qu'il fera acte de sagesse de ne point assumer celle de l'enseignement où les résultats obtenus accusent son incompétence.

Nous entendons les plaintes partout exprimées sur l'ignorance invraisemblable de beaucoup d'écoliers et les statistiques criminelles de la jeunesse sont tristement révélatrice de l'amoralité ambiante dans ses écoles.

La liberté libèrera l'Etat, non moins que les consciences.

Nous estimons encore que la formation professionnelle et technique est inséparable de la formation intellectuelle et morale. La perfection du travail exige la conscience professionnelle. Un mauvais citoyen ne fera presque jamais un bon ouvrier, ni un mauvais ouvrier, un bon citoyen. La conscience est une, bonne ou mauvaise totalement.

L'enseignement technique spécial exige non seulement une compétence générale, mais encore pour chaque profession, une compétence particulière que sa pratique seule peut donner. Il ne sera donc sérieusement et utilement organisé que par des praticiens, joignant à la science livresque celle de l'expérience. Dès lors il est utile et juste en même temps que les impôts payés pour l'apprentissage soient employés dans ce seul but et, en outre, qu'ils soient laissés entre les mains de ceux qui les paient et qui en feront un emploi meilleur que les jeunes fonctionnaires fraîchement sortis des écoles normales.

Or, c'est bien à eux que compte s'adresser le gouvernement maçonnique. L'enseignement technique sera un mot ; mais le fait est qu'il se confondra avec l'enseignement postscolaire : « Il devra être confié à des maîtres de l'enseignement public... aux maîtres des classes primaires élémentaires », écrit M. Ducos, auteur d'un projet de loi, où il prévoit un supplément de traitement pour les maîtres. Il apparaît ainsi que l'instruction professionnelle est le moindre de ses soucis et que le but poursuivi est la mainmise de l'Etat sur la forma-

tion de la jeunesse. Cela est si vrai, que pour l'atteindre,
une véritable escroquerie est prévue : « Je suis heureux
de vous apprendre, disait à la Ligue de l'Enseignement,
M. Vidal, ancien sous-secrétaire d'Etat, que la commission interministérielle tenue aujourd'hui (13 juin
1925) a décidé que le produit de la taxe d'apprentissage serait, pour une part, affecté aux fédérations et
aux œuvres des patronages laïques. » Détournements
de fonds, gaspillages, enseignement absent, abus contre
lesquels les bons citoyens doivent protester énergiquement. »

A ce sujet nous devons faire observer que l'impôt
établi sur le chiffre des salaires, sensible en lui-même
quoi qu'en dise M. Herriot, se superpose à beaucoup
d'autres, et contribue à une hausse des salaires, qui se
répercute sur le prix de tous les produits. Ainsi les législateurs, en votant des impôts et en se refusant à toute
économie, contribuent à cette cherté de la vie que,
candidats, ils ont juré de combattre.

Sur la question de l'orientation professionnelle, nous
sommes unanimes à juger désirable que chaque enfant
soit dirigé vers la profession ou l'une des professions
pour lesquelles il montre le plus d'aptitude ; mais nous
croyons non moins que tout le système préconisé par
les partisans de l'Ecole unique est faux ; qu'il porte
à la liberté individuelle une atteinte inadmissible et
que, très souvent, il ira directement contre son but.
Il est difficile et souvent impossible de déterminer à
12 ou 13 ans la portée intellectuelle et les aptitudes
d'un enfant. Les hasards d'un examen seront peu pro-
bants et l'erreur sera fréquente et irrémédiable. Le
juge le meilleur est la famille et l'enfant lui-même, dont
le libre choix doit être respecté. Comme le cœur, les
goûts et les vocations ont parfois des raisons que
la raison ne comprend pas. Contraindre un enfant à
embrasser un état qui lui répugne, c'est risquer d'en

faire un révolté et d'annihiler toute sa valeur professionnelle.

Aussi tout en jugeant utile, ce que les maîtres sérieux
font déjà, l'étude des caractères et les conseils d'avenir,
nous repoussons énergiquement la contrainte qui sup-
primerait le libre choix de l'enfant et de sa famille
et cet embrigadement universel et viager de la population tout entière, dans un Etat socialiste, où seraient
rétablis, non pas seulement le servage tant attaqué,
mais l'esclavage antique.

En employant les mots d'embrigadement et d'esclavage nous n'exagérons pas, et pour le prouver il n'est
qu'à céder la parole aux promoteurs des nouvelles
théories.

L'un des chefs du parti socialiste, M. Léon Blum,
dans un discours au Congrès du parti socialiste (21 avril
1919), exprimait le désir : « Que tout travail humain
soit ordonné comme une usine unique, où la tâche
particulière de chaque atelier, de chaque ouvrier, vient
s'assembler dans un programme d'ensemble constamment revisé selon les ressources et les besoins. » Le
Bulletin « Education » (juin 26) publie ces lignes :
« Ses goûts (de l'enfant) intimes, sa vocation ne comptent guère ou pas du tout... Si, dût-il être sacrifié,
l'enfant doit être formé pour une fin sociale, c'est à une
discipline vraiment sociale qu'il doit être aussi soumis. »
Les faits confirment les paroles. L'Etat organise partout des Offices d'O. P. Il organise une inspection médicale (1) et l'Education déclare qu'il y va du salut
de l'enfant et ensuite du développement de la production. Un modèle de fiche médicale a été établi et
le rapport qui en accompagne l'envoi dit : « la fiche
offre... un inventaire détaillé aussi complet que possible des investigations nécessaires (??) » De semblables

----

1. Voir *Formation Professionnelle*, 5 déc. 1926, p. 152 et s.

fiches existaient ; mais pour les animaux reproducteurs.

Les familles se soumettront-elles ? Oui, pense M. Fontègne, par manque de temps, par ignorance et incapacité. Appréciation flatteuse pour les pères et les mères ! Les premiers cependant sont des électeurs.

On reste vraiment stupéfait que des hommes, sans droit ni même compétence pour le faire, disposent ainsi, avec une insuffisance orgueilleuse et un absolu cynisme, de la volonté, de la liberté et de toute la vie laborieuse de leurs semblables..

Nous ne repoussons pas moins cette idée, matérialiste et grossière, que l'homme doit être élevé pour la production (1). Nous n'admettons point que ce soit là le but de sa vie, nous voulons pour lui un idéal plus élevé.

Au surplus nous restons bien convaincus que ce programme, si jamais la réalisation en était essayée, aboutirait à un complet insuccès. Ou bien l'élite sortie de l'école unique s'embourgeoiserait, la C. G. T. a bien vu le péril (2), et les classes sociales ressusciteraient, ou bien le régime serait, comme en Russie, maintenu par la terreur ; mais dans l'anarchie économique et la ruine générale.

Sur tous ces points nous sommes, je crois, d'accord. Sur l'Ecole unique toutefois un certain flottement s'est produit ; quelques esprits ont été séduits par l'idée de la communauté de tous les enfants dans une même école et y ont vu un élément d'accord social. Leur opinion est discutable. Il est à craindre que le rapprochement incessant et complet ne crée au contraire des heurts. La confusion ne supprime pas les catégories et l'art de la politique est de rapprocher

---

1. *La Voix du Peuple*, Bulletin officiel de la C. G. T., juin 1927, p. 314.

2. *La Voix du Peuple*, juin 1927, p. 319.

celles-ci dans les occasions et sur les points où leurs tendances sont semblables. Mais sans entreprendre une discussion vaste et imprécise, il semble que, sinon contre l'école unique, théorique et idyllique, du moins contre l'école unique, effectivement préparée, laïque et purement socialiste, l'unanimité peut et doit se faire.

Nous avons donc une doctrine, nous avons un programme très net ; mais comment le réaliser ?

Le premier moyen est d'user de tous les droits et de toutes les libertés que nous avons encore et que nous voulons conserver. L'usage de la liberté est sa meilleure défense : son abandon engendre l'oubli et la prescription. Il faut donc louer et féliciter ceux qui ont maintenu les écoles libres ; les industriels qui ont créé, de toutes pièces, l'enseignement technique ; tous ceux qui se dévouent à l'enseignement ménager. Grâce à leur action ils se sont assuré le bénéfice du fait accompli et des services rendus. Ces écoles sont et resteront les meilleures.

Le second moyen est de résister énergiquement à tous les empiètements administratifs illégaux et ici la défense sera le rôle des jurisconsultes.

J'ajouterai que cette grande cause de la liberté et de l'organisation de l'enseignement qui est celle de l'avenir du pays et, dans l'ordre spécial de l'enseignement technique, celle de l'avenir de notre industrie devra être plaidée devant l'opinion publique. Beaucoup de sophismes sont à réfuter, beaucoup d'ignorances à instruire, beaucoup d'intelligences à éclairer, en leur exposant nettement le programme de l'anticléricalisme et du socialisme étatiste, qui ont partie liée. Pour y réussir, vous ne négligerez aucun des moyens dont nous pouvons disposer : presse, affiches, conférences, conversations et action personnelles ; mais je n'insiste pas. Ce que je pourrais vous dire, vous le savez et ce serait sortir du cadre de notre Congrès.

Je n'ajouterai qu'un mot. Puisqu'à l'heure actuelle, en France, tout dépend du corps législatif, et des élections qui en déterminent la composition et l'esprit, nous nous occuperons des élections. La politique, en France, aujourd'hui, envahit tout, déforme tout, domine tout. De gré ou de force, nous sommes contraints de faire de la politique. Nous en ferions même, et de la pire, sous le nom d'abstention.

En terminant, permettez-moi d'exprimer le vœu que chacun de nous se persuade que, dans tous les domaines, politique, juridique, économique, il y a beaucoup à faire, que quelque chose est toujours possible, que ne rien faire est une désertion.

Emmanuel LUCIEN-BRUN

LYON. — IMP. DU « NOUVELLISTE ».